M000190602

La batalla de cada hombre

«No existe un enemigo más común de la verdadera hombría que la diversión o perversión de nuestras capacidades sexuales. Doy la bienvenida a cada contribución que se le haga al arsenal de la resistencia».

—Jack W. Hayford, Litt.D.
Pastor de *Church on the Way* [Iglesia en el camino]
y presidente de *The King's Seminary* [Seminario del Rey].

«Este libro revolucionará el matrimonio de cada hombre que lo lea. ¿Por qué? Porque cada hombre lucha con las tentaciones sexuales y cada matrimonio se fortalece cuando estas se derrotan. Las explícitas, honestas y perspicaces páginas de este libro revelan lo que cada hombre debe saber».

—Doctores Les y Leslie Parrott
Autores de *Saving Your Marriage Before It Starts*
[Salve su matrimonio antes de comenzarlo]

«Este oportuno libro presenta principios claros y prácticos para la pureza sexual. Arterburn y Stoeker extienden un llamado a la valentía, el compromiso y la autodisciplina al dirigir a los hombres hacia una relación exitosa con Dios, sus familias y cónyuges. Verdaderamente este libro es para todo hombre».

—Doctor. John Maxwell
fundador de *The INJOY Group*

«Dios usó a Steve Arterburn en innumerables ocasiones para impactar mi corazón y mi vida; estoy agradecido a él por su inversión en *La batalla de cada hombre.* También estoy agradecido de Fred Stoeker. En este libro Fred derramó su honestidad, vulnerabilidad y estratégica práctica, para pelear la buena batalla. Él ofrece verdad y esperanza bíblica para todo el que tenga oídos para oír, en cuanto a cómo luchar en la guerra de la tentación sexual. Lee *La batalla de cada hombre* con el corazón abierto, ya que podría salvar tu matrimonio y testimonio».

—Doctor Gary Rosberg
presidente de *America's Family Coaches*
Autor de *Guard Your Heart* [Guarda tu corazón]
y *Las cinco necesidades de amor de hombres y mujeres.*

STEPHEN ARTERBURN
FRED STOEKER
CON MIKE YORKEY

La batalla de cada hombre

El reto que cada hombre enfrenta...
la lucha que cada hombre debe ganar

Unilit
Sepa

Publicado por
Unilit
Miami, FL 33172

© 2003 Editorial Unilit (Spanish translation)
Primera edición 2003
Primera edición 2013 (Serie Favoritos)

© 2000 por Stephen Arterburn, Fred Stoeker, y Mike Yorkey
Originalmente publicado en inglés con el título:
Every Man's Battle por Stephen Arterburn y Fred Stoeker.
Publicado por WaterBrook Press, un sello de
The Crown Publishing Group, una división de Random House, Inc.,
12265 Oracle Boulevard, Suite 200, Colorado Springs, CO 80921 USA
Publicado en español con permiso de WaterBrook Press, un sello de
The Crown Publishing Group, una división de Random House, Inc.
(This translation published by arrangement with WaterBrook Press, an imprint of The Crown Publishing Group, a division of Random House, Inc.)

Todos los derechos de publicación con excepción del idioma inglés son contratados exclusivamente por GLINT, P O Box 4060, Ontario, California 91761-1003, USA.
(All international rights are contracted through: Gospel Literature International, P O Box 4060, Ontario, CA 91761-1003, USA.)

Reservados todos los derechos. Ninguna porción ni parte de esta obra se puede reproducir, ni guardar en un sistema de almacenamiento de información, ni transmitir en ninguna forma por ningún medio (electrónico, mecánico, de fotocopias, grabación, etc.) sin el permiso previo de los editores, excepto en el caso de breves citas contenidas en artículos importantes o reseñas.

Traducción: *Gabriel Prada*
Diseño de la cubierta: *Mark D. Ford*

La información acerca de la adicción sexual en el capítulo tres fue tomada del libro *Addicted to Love* por Stephen Arterburn (Ann Arbor, Mich.: Vine Books, 1991), 109-110.

Los nombres en algunas de las historias y anécdotas fueron cambiados para proteger la identidad de los personajes.

El texto bíblico ha sido tomado de la versión Reina Valera © 1960 Sociedades Bíblicas en América Latina; © renovado 1988 Sociedades Bíblicas Unidas. Utilizado con permiso. Reina-Valera 1960® es una marca registrada de la American Bible Society, y puede ser usada solamente bajo licencia.
Otras citas bíblicas se tomaron de la Santa Biblia, *La Biblia de Las Américas*. © 1986 por The Lockman Foundation.; y la Santa Biblia, *Nueva Versión Internacional*. © 1999 por la Sociedad Bíblica Internacional. Usadas con permiso.

Producto 496945
ISBN 0-7899-1884-6
ISBN 978-0-7899-1884-0

Impreso en Colombia
Printed in Colombia

Categoría: Vida cristiana/Vida práctica/Hombres
Category: Christian Living/Practial Life/Men

De Stephen Arterburn

Para mi amigo Jim Burns.

Demostraste gran amor

y eres un ejemplo máximo de integridad sexual.

De Fred Stoeker:

A mi Padre celestial

(gracias porque fuiste tú quien me dirigiste);

A mi esposa, Brenda;

y a mis amigos Dave Johnson y Les Flanders.

Contenido

Reconocimientos

Quiero darle las gracias a Greg Johnson quien me presentó a Fred Stoeker. Este encuentro se originó en los cielos. Muchas gracias también a Fred, que trajo gran sentido común y sabiduría a hombres que no son adictos sexuales, pero que desean ser firmes en su integridad sexual. Trabajar con ambos fue un privilegio y también con Mike Yorkey y su gran talento de escritor.

—Stephen Arterburn

Quiero reconocer a varias personas que han tenido gran influencia en mi vida. El señor Campbell, un talentoso veterano de Vietnam, maestro en una escuela superior de clase obrera, se encargó de sembrar el amor a la escritura en el corazón de un deportista. Los pastores John Palmer y Ray Henderson son mis héroes. Joyce Henderson merece mi agradecimiento por su apoyo incansable. Mi suegra Gwen, fue mi gran defensora.

A todos los que contaron sus historias y leyeron las versiones preliminares del manuscrito, gracias. Y aunque por razones obvias no puedo decir sus nombres a los lectores, ustedes saben quiénes son. Ustedes fueron indispensables.

Mi más profundo agradecimiento va dirigido a mis amigos más antiguos: «Tío Jim», solo recuerda una cosa: ¡Me la debes! «Milbie», mi respeto hacia ti es inmensurable. «Hollywood», la vida sigue siendo demasiado preciosa. R.P., sabías que este día llegaría. Y a Dan, Brad, Dick, Gary, Pat, R.B. y Buster, ustedes son los amigos que brindan el apoyo más grande que cualquier hombre podría esperar.

Y, por último, muchas gracias a mi agente literario Greg Johnson, de *Alive Communications,* que se atrevió a arriesgarse conmigo.

—Fred Stoeker

A menudo, los coautores de este libro describen de un modo bastante explícito las luchas pasadas —las suyas y las de otros— con la pureza sexual. Por respeto a la sincera comunicación con los lectores que enfrentan luchas similares, nuestra meta fue ser francos, sin ofender… haciendo que así les sea más fácil a los hombres enfrentar cualquier inmundicia y esforzarse por medio de la gracia y el poder de Dios para participar activamente de su santidad.

Introducción

Cuatro hombres y la historia de este libro

Del editor Mike Yorkey:

Supongo que se podría decir que cada libro es una obra de amor del autor, pero este libro es la obra del amor de Dios hacia ti, lector. Dios escuchó el lamento que proviene de los hombres que viven en una cultura cargada de sexualidad y respondió uniendo a cuatro hombres de una manera poco común. Creemos que la historia de cómo este libro llegó a tus manos, lleva consigo un importante mensaje para tu corazón.

Conocí a Fred Stoeker por teléfono en el año 1995, cuando yo era editor de la revista *Enfoque a la Familia.* Fred había sometido un artículo que tituló *The Art of the Hand-Off* [El arte de la entrega], describiendo cómo usó el libro del doctor James Dobson *Preparing for Adolescence* [Prepararse para la adolescencia], para educar sobre la sexualidad a su hijo Jasen, de once años de edad. El intuitivo artículo llegó a *Enfoque a la Familia* sin que se solicitara, en otras palabras, su envío era uno de los miles de artículos que posibles autores nos envían todos los años con la esperanza de que se seleccione y publique. Fred no sabía que en la revista solo teníamos en el año espacio para una docena de artículos no solicitados. Sin embargo, al hojear su manuscrito algo me impactó en cuanto a su historia escrita en primera persona, y pocos meses después la publicamos.

Un tiempo más tarde, después de mudarme a San Diego con mi familia y comenzar una carrera como escritor a tiempo completo, Fred me envió un paquete sorpresa vía *Federal Express.* Adentro había un grueso manuscrito. En una carta explicativa, mencionaba haber trabajado en el manuscrito durante largas horas, fines de semana y meses, y que ya había pasado por la difícil tarea de mostrárselo a Brenda, su esposa. Ella le dio el visto bueno y ahora Fred necesitaba la opinión de un escritor y editor profesional. Como yo era la única persona que él conocía con tales cualidades, se preguntó si estaría dispuesto a darle una rápida lectura.

Me senté a leer el manuscrito de Fred e inmediatamente me atrajo el tema, uno que muchos autores no se atreven a tocar a fondo. Aquí estaba este hombre exponiendo la historia de su vida y la de otros hombres. Mirar con insistencia a las mujeres. Soñar con actos sexuales con féminas conocidas. Dar cabida a «y qué si...» y doble sentido sexual. Masturbación desenfrenada.

El escrito de Fred necesitaba cierto trabajo y ajustes estructurales (cosa que era de esperarse por ser su primer manuscrito), pero debajo del exceso de palabras yacía un tesoro de verdades con poder para impactar a toda una generación de hombres y guiarlos hacia la integridad sexual. Al comentar mis pensamientos con Fred, este me pidió que considerara volver a escribir el manuscrito.

Luego de dialogar con Fred y orar, le dije que sí, pero la decisión no fue fácil. Yo acababa de comenzar mi carrera como escritor por cuenta propia, y para mí era crítico escoger el proyecto adecuado. Para autores primerizos como Fred es muy difícil hallar una editorial que se disponga a trabajar con ellos, y yo era consciente de que probablemente este manuscrito nunca se publicaría. No obstante, nos sumergimos en el proyecto confiando en que si Dios quería dar a conocer su mensaje proveería una casa editora, y *WaterBrook Press* fue la repuesta del Señor.

Del editor Dan Rich:

Cuando leí el manuscrito de Mike y Fred, de inmediato me impactó su potencial. Frente a mí estaba un ejemplo de lo que aquí en *WaterBrook Press* buscamos con mayor ahínco: libros que ofrezcan al creyente estímulo, apoyo y un reto de parte de los autores que puedan comunicar «antiguas verdades con nuevos ojos», y que lleven a los lectores a una renovada esperanza y redención.

Este manuscrito podría darse a conocer sobre la base de sus propios méritos, pero en nuestras sesiones de planificación decidimos que su impacto sería muchísimo mayor si le añadíamos la voz de un consejero con experiencia y ampliamente respetado. El candidato perfecto, pensamos, sería Stev Arterburn. Él había trabajado como autor y coautor en treinta y cinco libros, era fundador de una cadena de clínicas de la salud mental llamadas Clínicas Nueva Vida, y además era coanfitrión del programa radial nacional *Nueva Vida en Vivo.*

Le pedimos a Steve que se uniera al proyecto, y nos alegramos cuando dijo que lo haría. (En todo el libro, las contribuciones separadas de Steve y de Fred por lo general se mezclaron con un punto de vista de «nosotros», excepto cuando narran situaciones específicas que proceden de sus experiencias y antecedentes personales.)

Del coautor Steve Arterburn:

Con gran ilusión acepté la proposición de ayudar a darle forma a este libro, porque estoy profundamente convencido de su temática. En la primera llamada telefónica que le hice a Fred, luego de sumergirme en el manuscrito, le dije que estaba seguro de que el libro tenía el potencial de transformar más matrimonios y con más profundidad que cualquier otro libro que hubiera leído.

¿Cómo puede un libro sobre el tema de la sexualidad masculina transformar matrimonios? Porque he encontrado que los pecados sexuales son como el comején que habita en las paredes y en el fundamento de los matrimonios modernos. En mi programa radial *Nueva Vida,* no es poco común recibir todas las semanas varias llamadas de hombres que con desesperación anhelan ser libres de una vida de pensamientos impuros y acciones sexuales impías. Estoy seguro de que muchos otros hombres también llamarían de no sentirse tan avergonzados.

Pero con toda confianza puedo declarar que el libro que ahora lees, *La batalla de cada hombre*, posee el potencial de liberarte para que ames a tu esposa como nunca creíste poder amarla.

Para proteger la identidad de las personas mencionadas en el libro, cambiamos sus nombres y algunos detalles de su historia. Pero estas historias son reales. Son las historias de pastores, líderes de adoración, diáconos y ancianos. Son las historias de empleados de oficinas y trabajadores de factorías. Todos son personas que se vieron atrapadas en una terrible trampa, como todos estuvimos una vez.

No obstante, ir en pos de la integridad sexual es un tema polémico. Cuando abordo el tema en mi programa radial no faltan los ataques, y cuando Fred enseña o habla sobre él, también recibe su porción de «pedradas y flechazos». La gente sofisticada de este mundo, quienes consideran que las normas de Dios son ridículas y restringen, nos han ridiculizado. Y con tales reacciones no tenemos ningún problema, ya que tenemos una preocupación mucho mayor: tu bienestar.

Te encuentras en una posición bastante difícil. Vives en un mundo saturado de imágenes sensuales durante las veinticuatro horas del día, y en una variedad de medios de comunicaciones: publicaciones impresas, televisión, videocasetes, internet... y hasta el teléfono. Pero Dios te ofrece la libertad de la esclavitud del pecado mediante la cruz de Cristo, y creó tus ojos y tu mente con la habilidad de entrenarlos y controlarlos. Simplemente tenemos que ponernos en pie y andar en su poder por el camino de la rectitud.

Los hombres necesitan un plan de batalla, y tendrás uno cuando termines de leer *La batalla de cada hombre*, un plan detallado para convertirte en un hombre de integridad sexual. También incluimos una guía de estudio y comentarios en la parte posterior del libro para uso personal o con un grupo de hombres. Creemos que *La batalla de cada hombre* es un gran material para usarse en el retiro de caballeros de tu iglesia.

Aunque Fred y yo estaremos hablando desde la perspectiva del hombre casado, *La batalla de cada hombre* no es solamente para hombres casados. Los principios que describimos también se aplican a muchos adolescentes y hombres jóvenes adultos que deben lidiar con el asunto de la integridad sexual mientras son solteros. Pueden creernos cuando les decimos que el matrimonio no es un rescate automático de la tentación sexual. Por lo tanto, detallamos principios que ayudarán al soltero con la lascivia o con el desarrollo de comportamientos adictivos, y que aumentarán sus probabilidades de casarse con la persona apropiada.

Aunque el enfoque de *La batalla de cada hombre* está dirigido a los hombres, también puede ofrecerles a las mujeres una comprensión mayor en cuanto a las cosas que los hombres enfrentan al luchar contra el eterno problema de los ojos. Por esta razón, cada una de las seis partes del libro concluye con una sección titulada «Del corazón de una mujer», que se basa en entrevistas que llevamos a cabo con mujeres.

Del coautor Fred Stoeker:

La inmoralidad sexual una vez me mantuvo cautivo, pero luego de liberarme quise ayudar a otros hombres para que también se limpien de este pecado.

Después de enseñar el tema de la pureza sexual masculina en la Escuela Dominical, un caballero se acercó a mí en cierta ocasión y me dijo: «Siempre pensé que como era hombre, nunca podría controlar mis ojos errantes. Yo no sabía que podía haber otro modo. ¡Ahora soy libre!» Conversaciones como estas me llenaron de emoción y confirmaron el deseo que Dios me dio de ayudar a otros hombres para que también salgan de este atolladero.

Muchos de los hombres que se acercaron a mí para contarme sus historias de pecado sexual, me pidieron que escribiera un libro. Al principio lo dejé pasar como un simple elogio. Después de todo, las probabilidades de publicar un libro eran mínimas. Nunca antes había escrito un libro, yo no era el anfitrión de un programa radial con exposición nacional, no tenía un doctorado ni tampoco había estudiado en un seminario.

Entonces, ¿por qué comencé a escribir el libro? Porque en lo profundo de mi ser sentía que si Dios me otorgaba tal exposición en su Reino, podría darle a un mayor número de hombres algunos consejos prácticos para obtener la victoria y ayudarlos a ser libres para que a su vez ayudaran también a otros.

Los siguientes versículos me inspiraron a continuar trabajando noche tras noche y mes tras mes en este libro:

Ten piedad de mí, oh Dios,
conforme a tu misericordia;
Conforme a la multitud de tus piedades
borra mis rebeliones.
Vuélveme el gozo de tu salvación,
y espíritu noble me sustente.
Entonces enseñaré a los
transgresores tus caminos,
Y los pecadores se convertirán a ti.
(Salmo 51:1,12-13 RV60)

¿Lo captaste? El plan de Dios consiste en liberar a los pecadores y luego usarlos para que enseñen a otros. Dios me ha estado usando de esta manera y confío en que a ti también te usará.

¿Estás ansioso por comenzar? Qué bueno... yo también lo estoy. Necesitamos verdaderos hombres a nuestro alrededor, hombres de honor y decencia, hombres con las manos en el lugar que les corresponde y cuyos ojos y mente estén enfocados en Cristo. Si los ojos errantes o los pensamientos impuros o tal vez las adicciones sexuales son asuntos que tienen que ver con tu vida personal, Steve y yo esperamos que hagas algo al respecto.

¿No crees que ya es hora?

Primera Parte

¿Dónde nos encontramos?

capítulo 1

Nuestras historias

«Pero fornicación y toda inmundicia, o avaricia, ni aun se nombre entre vosotros, como conviene a santos» (Efesios 5:3). Si hay un versículo en toda la Biblia que capta la norma divina respecto a la pureza sexual, es este.

Y el mismo exige la siguiente pregunta: En comparación con la norma divina, ¿existe el más mínimo indicio de impureza sexual en tu vida?

Para nosotros dos, la respuesta a esa pregunta era sí.

De Steve: Choque

En 1983, Sandy, mi esposa, y yo celebramos nuestro primer aniversario. Ese mismo año, y en un día bañado por el sol californiano en el cual me sentía excelentemente bien al pensar en nuestra vida y futuro, subí al auto de mis sueños: un Mercedes 450SL de 1973, color blanco y con techo negro. Solo lo poseí durante dos meses.

Me desplacé rumbo norte a través de Malibu con destino a Oxnard, donde me citaron para testificar en un tribunal respecto a si un hospital debía o no añadir un centro de tratamiento psiquiátrico para los adictos. Siempre me agradó viajar a lo largo de la autopista Costa del Pacífico, o como solían decir los residentes locales: la ACP. Los cuatro carriles cubiertos de brea negra abarcan todo el trayecto de la costa dorada y le brindan al viajero una vista cercana de la cultura playera de Los Ángeles. Bajé la capota del carro y la fresca brisa me golpeó el rostro mientras pensaba que esta hermosa mañana de verano era un buen día para estar vivo.

Ese día no fue mi intención salir a mirar chicas, pero la noté a unas doscientas yardas de distancia, al lado izquierdo de la carretera. Ella venía trotando a lo largo de la acera de la costa. Desde mi asiento de piel en el auto tuve que reconocer que el panorama frente a mis ojos era sobresaliente, hasta de acuerdo con las altas normas de California.

Fijé la vista en aquella rubia con apariencia de diosa mientras corría a paso determinado y el sudor le descendía como cascada por su bronceado cuerpo. El atuendo de trotar que vestía, si en aquellos tiempos se le podía llamar así, antes de los sostenes deportivos y los pantalones de licra (elastizado), no era otra cosa sino un diminuto biquini. A medida que se acercaba por mi lado izquierdo, dos pequeños triángulos de tela luchaban por mantener los amplios pechos en su lugar.

No podría describirte su rostro, ya que aquella mañana no pude registrar nada de lo que había encima de sus hombros. Mis ojos se saciaron con aquel banquete de reluciente piel que me pasó por el lado izquierdo, seguidos de la ágil silueta que continuaba corriendo en dirección sur. Y cediendo ante un simple instinto lascivo, como hipnotizado por su modo de andar, voltee la cabeza tanto como pude, estirando el cuello para captar en mi cámara de vídeo mental cada momento posible.

Y de pronto... ¡Buumm!

Es probable que todavía estuviera disfrutando de aquella maravillosa especie de atletismo femenino si mi Mercedes no hubiera chocado con un Chevelle que se detuvo por completo frente a mí en la carretera. Afortunadamente, solo viajaba a veinticinco kilómetros por hora en medio del congestionado tráfico, pero el pequeño choque hundió la defensa delantera de mi auto y destruyó la capota. Y la persona con quien choqué tampoco estaba muy contenta por el daño que le causé a la parte posterior de su auto.

Bajé del auto avergonzado, humillado, saturado de vergüenza y sin poder ofrecer una explicación satisfactoria. De ninguna manera le diría a este individuo: «Pues si hubieras visto lo que yo estaba viendo me entenderías».

Diez años más en tinieblas

Tampoco podría decirle la verdad a Sandy, mi hermosa esposa. Esa noche expuse mi mejor versión del desafortunado suceso ocurrido aquella mañana en Malibu. «Mira, Sandy, había mucho tráfico, me incliné para cambiar la estación de radio que estaba escuchando y lo próximo que supe era que había chocado con el Chevy. Por suerte no hubo heridos».

Lo cierto es que herí mi joven matrimonio porque estaba robándole a Sandy mi plena devoción, aunque en aquel instante no lo sabía. Ni tampoco me percaté de que, aunque había jurado comprometer toda mi vida a una relación con Sandy, no comprometí mis ojos del todo.

Durante diez años más permanecí en tinieblas, antes de reconocer que necesitaba hacer cambios dramáticos en la manera de mirar a las mujeres.

De Fred: Paredes de separación

Me sucedía cada domingo por la mañana durante el servicio de adoración de nuestra iglesia. Miraba a mi alrededor y observaba a otros hombres con sus ojos cerrados, adorando libre e intensamente al Dios del universo. ¿Y yo? Solo percibía que entre el Señor y yo había una pared de separación.

No andaba bien con Dios. Como un nuevo creyente, me imaginé que aún no conocía bien a Dios. Pero el tiempo pasaba y nada cambió.

Cuando le mencioné a Brenda, mi esposa, que vagamente sentía que no era merecedor de Dios, ella no pareció estar muy sorprendida.

«¡Por supuesto que no!», exclamó ella. «Tú nunca te sentiste merecedor de tu propio padre y todos los predicadores que he conocido dicen que la relación de un hombre con su padre impacta de gran manera la relación con su Padre celestial».

«Probablemente tengas razón», admití.

Esperaba que fuese así de sencillo. Medité en esto una y otra vez mientras recordaba los días de mi juventud.

¿Qué clase de hombre eres?

Mi padre, un tipo fuerte y bien parecido, fue campeón de lucha libre en la universidad y un perro feroz en los negocios. En mi gran anhelo por ser como él, comencé a luchar en la escuela intermedia. Pero los mejores luchadores son «asesinos por naturaleza», y yo no poseía el corazón de un luchador.

Mi padre era entrenador de lucha en la escuela superior de nuestro pequeño pueblo de Alburnett, Iowa. Y aunque solo estaba en la escuela intermedia, su deseo era que luchara contra muchachos mayores que yo, por lo tanto, me llevaba a las prácticas en la escuela superior.

Cierta tarde estábamos practicando métodos de escape y mi compañero se encontraba en la posición de abajo. Mientras luchábamos en la estera, él sintió deseos de soplar su nariz. Se enderezó, se llevo la camiseta a la nariz y violentamente vació todo su contenido en el frente de la camiseta. Enseguida regresamos a la lucha. Como el hombre que ocupaba la posición de arriba, yo tenía que mantenerlo fuertemente agarrado. Al agarrarlo por la cintura pasé mis manos por su babosa camiseta. Sentí tanto asco que solté el amarre y lo dejé escapar.

Papá, al ver que mi compañero se escapó con tanta facilidad, me puso como un trapo. «¿Qué clase de hombre eres?», rugió. Bajé la cabeza mirando la estera y reconocí que si hubiera tenido el corazón de un luchador, me hubiera esforzado por mantener fuertemente amarrado a mi contrincante y en represalia hasta quizá hundirle el rostro contra la estera, en represalia. Pero no lo hice.

A pesar de todo deseaba complacer a mi padre, así que participé en otros deportes. En cierto juego de béisbol y después de haberme ponchado, recuerdo que regresé cabizbajo al banco de los jugadores. «¡Alza la cabeza!» vociferó para que todos lo oyeran. Me sentí humillado. Después de este incidente me escribió una larga carta en la que detallaba todos los errores que yo había cometido.

Años más tarde, después de mi matrimonio con Brenda, mi padre pensó que ella tenía demasiado control en nuestro matrimonio. «Los verdaderos hombres ejercen control en sus hogares», me dijo.

El monstruo

Ahora, mientras Brenda y yo dialogamos sobre mi relación con mi padre, ella sugirió que podría beneficiarme de un asesoramiento. «Lo cierto es que no te va a hacer ningún daño», dijo ella.

Así que decidí leer varios libros y escuchar el consejo de mi pastor, y mejoraron los sentimientos hacia mi padre. Pero durante los servicios de adoración dominical seguí sintiéndome distanciado de Dios.

La verdadera razón para tal distanciamiento comenzó a manifestarse poco a poco: En mi vida había indicios de inmoralidad sexual. A mi alrededor había un monstruo al acecho y todos los domingos por la mañana salía a la superficie cuando me sentaba en mi cómodo sillón y abría el periódico dominical. De inmediato buscaba las hojas sueltas que añaden al periódico y comenzaba a hojear las que procedían de las tiendas por departamentos que estaban llenas de modelos posando en sostenes y bragas. Siempre sonrientes. Siempre disponibles. Disfrutaba el tiempo que pasaba admirando cada anuncio. *Está mal,* admitía, *pero es algo tan insignificante.* No es nada en comparación con *Playboy,* me decía.

Miraba las bragas con detenimiento, dando rienda suelta a mis fantasías. A veces, una de las modelos me hacía recordar a una chica que conocí en el pasado y en mi mente reavivaba los recuerdos de los momentos que disfrutamos juntos. Sin duda alguna disfrutaba el tiempo que pasaba leyendo el periódico dominical.

Al examinarme con mayor detenimiento encontré que en mi vida había mucho más que un indicio de inmoralidad sexual. Hasta mi sentido del humor lo reflejaba. A veces, una inocente frase dicha por una persona, incluso de nuestro pastor, me chocaba con doble sentido sexual. O me reía entre dientes, aunque me sintiera incómodo.

¿Por qué estos pensamientos de doble sentido vienen a mi mente con tanta facilidad? ¿Debe la mente de un cristiano crearlos con tanta ligereza?

Recordé que la Biblia dice que, tales cosas ni siquiera deben mencionarse entre los santos. *¡Soy peor… hasta me río de ellas!*

¿Y mis ojos? Eran famélicos buscadores del ardor explorando el horizonte, enfocándose en todo lo blanco que poseyera ardor sensual. Madres jóvenes vistiendo pantalones cortos y que se inclinan para sacar a sus hijos del asiento trasero de sus autos. Solistas vistiendo blusas de seda. Escotados vestidos de verano.

Mi mente también corría por doquier con voluntad propia. Esto comenzó durante mi niñez cuando encontré revistas de *Playboy* debajo de la cama de mi papá. Él también se había suscrito a la revista «Desde el sexo a los sexentas», una publicación repleta de chistes y caricaturas sobre temas sexuales. Cuando mi papá se divorció de mi mamá y se mudó a su departamento de «soltero», hizo colgar en la sala un gigantesco cuadro de una mujer desnuda, el cual era imposible pasar por alto mientras jugábamos a las barajas durante nuestras visitas de los domingos por la tarde.

Papá me había dejado una lista de quehaceres que debía desempeñar cuando estuviera en su departamento. En cierta ocasión, encontré una foto de su amante desnuda. Otra día encontré un dispositivo de cerámica que medía ocho pulgadas, y que obviamente usaba durante sus pervertidos «juegos sexuales».

Esperanza para el incurable

Todos estos asuntos sexuales se revolvieron en lo más profundo de mi ser, destruyendo la pureza que durante muchos años no me sería devuelta. Al ingresar en la universidad, casi al instante, me vi sumido en un mar de pornografía. Y hasta había memorizado la fecha en que mis revistas favoritas llegaban a la farmacia local. Especialmente me gustaba la sección titulada «La chica del vecindario» de la revista Galería, en la que se publicaban las fotos que los novios de estas chicas les tomaban.

Lejos de mi hogar y sin apuntalamientos cristianos, descendí a través de pequeños pasos hasta un foso sexual. La primera vez que tuve relaciones sexuales fue con una chica con la que yo *sabía* que me iba a casar. La próxima vez fue con una chica con la que yo *pensaba* que me iba a casar. Y la próxima fue con una buena amiga, a la que podría *aprender* a amar. Y después fue con una joven a quien casi no conocía, pero que sencillamente deseaba conocer sobre la relación sexual. A la larga, tuve relaciones con cualquiera y en cualquier momento.

Después de cinco años en California, me vi con cuatro novias «fijas» a la vez. Dormía con tres de ellas y en esencia estaba comprometido para casarme con dos de las cuatro novias. Ninguna de ellas conocía a las demás. (Hoy en día, en las clases de preparación para el matrimonio que dirijo, con frecuencia les pregunto a las mujeres qué pensarían de un hombre que está comprometido con dos mujeres. Mi respuesta favorita: «¡Es un cerdo incurable!» Y yo era un incurable, viviendo en una pocilga.)

¿Por qué digo todo esto?

Primero, para que sepan que entiendo lo que significa estar sexualmente atrapado en un profundo foso. Segundo, quiero darte esperanzas. Y como pronto verás, Dios trabajó conmigo y me sacó de ese foso.

Si en tu vida hay, aunque solo sea un indicio de inmoralidad sexual, Él también trabajará contigo.

capítulo 2

Pagar el precio

De Fred: Saber a quién llamar

A pesar del profundo abismo donde me encontraba durante mis años de soltero, no me percaté de que algo andaba mal en mi vida. Por supuesto, asistía a la iglesia esporádicamente y de vez en cuando las palabras del pastor traspasaban mi duro corazón. Pero, ¿quién era él? Además, yo amaba a mis novias y razonaba: *No estoy hiriendo a nadie.*

Pasado un tiempo mi padre se volvió a casar y cuando venía de visita a casa, en el estado de Iowa, mi madrastra de vez en cuando me llevaba casi a empujones al Templo del Evangelio localizado al otro lado del río en la ciudad de Moline, estado de Illinios. Allí el evangelio se predicaba con claridad, pero a mi parecer todo aquel panorama era claramente ridículo. A menudo me reía con cinismo y decía: *¡Todos están locos!*

Después de graduarme en la Universidad Stanford con altos honores en sociología, decidí aceptar una oferta de empleo en San Francisco como asesor de inversiones. Cierto día primaveral, durante el mes de mayo, me quedé en la oficina trabajando hasta tarde. Todos se habían marchado a sus hogares dejándome a solas con varios pensamientos perturbadores. Hice girar la silla en la que estaba sentado y coloqué los pies encima del aparador mientras observaba una típica y grandiosa puesta de sol californiana.

Aquella tarde, mientras el sol se escondía tras el horizonte, pude de pronto apreciar con toda claridad en lo que me había convertido. Lo que percibí fue algo irremediablemente feo. En el pasado estuve ciego, pero ahora podía ver. Al instante me percaté de la profunda necesidad que tenía de un Salvador. Y gracias al Templo del Evangelio en Moline, sabía a Quién acudir.

Aquel día mi oración brotó de la sencillez de un corazón seguro: «Señor, estoy listo para trabajar contigo, si es que tú estás listo para trabajar conmigo».

Me puse de pie y salí de la oficina, sin saber cabalmente lo que acababa de hacer. Pero Dios sí lo sabía y de pronto me pareció como si todo el cielo se hubiera trasladado a mi vida. En espacio de dos semanas conseguí empleo en el estado de Iowa, y frente a mí tenía toda una vida. ¡Y *sin* novias!

Me sentía bien

De regreso en Iowa comencé a participar en una clase de matrimonios que dirigía Joel Budd, pastor asociado de mi nueva iglesia. Pronto reconocí que no sabía nada en cuanto al trato adecuado a las mujeres. Quizá fue porque mis padres estaban divorciados y nunca tuve en casa el modelo de una relación amorosa. Sin embargo, creo que tal vez fue por causa de mi egoísmo y pecado sexual. Todo lo que conocía sobre las mujeres lo aprendí a través de relaciones sexuales pasajeras y citas amorosas casuales.

Durante el transcurso del año bajo las enseñanzas de Joel no salí ni en una sola cita amorosa. ¡Es probable que fuera el único hombre en la historia que participaba en una clase de matrimonios sin salir ni una sola vez en una cita! Pero justo antes de cumplir el término de los doce meses, hice esta sencilla oración: «Señor, he participado en esta clase durante casi un año, y he aprendido mucho sobre las mujeres, pero no estoy seguro de haber presenciado tales cosas en la vida real. En realidad nunca conocí jóvenes cristianas. Por favor, muéstrame una mujer que personifique estas características piadosas».

No estaba pidiendo una cita, ni una novia ni una esposa. Solo deseaba ver esta enseñanza puesta en práctica, en la vida real, y de esa manera entenderla mejor.

Dios hizo mucho más que eso. Una semana más tarde me presentó a Brenda, mi futura esposa, y nos enamoramos.

De acuerdo con nuestro compromiso con Cristo, Brenda y yo decidimos mantenernos puros antes del matrimonio. Ella era virgen y yo deseaba serlo. No obstante, sí nos besamos y ¡qué maravilloso! ¡Nuestros choques labiales fueron maravillosos! Esta fue mi primera experiencia con algo que más adelante descubriría con mayor profundidad: la remuneración físicamente gratificante que procede de la obediencia a las normas sexuales que Dios estableció.

En una canción que se hizo muy popular durante mi último año universitario, el cantante se lamentaba de no recordar cómo solía ser cuando un beso se consideraba como algo especial. En ese momento de mi vida las letras de la canción resonaron con tristeza en lo más profundo de mi ser, porque para mí un beso no tenía mayor importancia. Era un triste requisito previo al coito. Algo andaba profundamente mal.

Pero ahora, después de negarme durante tanto tiempo, un sencillo beso de Brenda se convirtió de nuevo en algo emocionante. Y para un viejo-cerdo-sexual como yo, esto era algo completamente inesperado.

Mientas Dios continuaba obrando en mi vida, Brenda y yo nos casamos, celebramos nuestra luna de miel en el estado de Colorado y nos mudamos a un nuevo edificio de departamentos a orillas de un campo de maíz en un suburbio de la ciudad de Des Moines. *¿Era esto el cielo?* Realmente pensaba que sí lo era.

Pasó el tiempo y al principio me sentía muy bien. Mientras que en el pasado estuve comprometido con dos mujeres a la vez, ahora estaba felizmente casado con una. Mientras que en el pasado estuve hundido en un mar de pornografía, no había comprado una sola revista pornográfica desde el día de mi boda. Esto era muy notable, luego de considerar mi trayectoria pasada.

Lejos de la meta

Me involucré de lleno en mi carrera de ventas y en mis puestos de liderazgo en la iglesia. Entonces me convertí en papá. Lo disfruté todo con gran emoción y mi imagen de creyente relucía más y más brillante.

Según las normas del mundo, yo era todo un éxito. Excepto por un pequeño problemita. De acuerdo con las normas de pureza sexual que Dios estableció, ni siquiera me acercaba a la vivencia diaria de lo que era su visión para el matrimonio. Había dado certeros pasos hacia la pureza sexual, pero aprendía que las normas divinas eran mucho más altas de lo que jamás me imaginé y que las expectativas de mi Padre hacia mí, superaban todos mi sueños.

Pronto reconocí que me hallaba bastante lejos de la meta de santidad que Dios trazó. Todavía me deleitaba en las hojas sueltas donde aparecían modelos semidesnudas, todavía luchaba con pensamientos de doble sentido y las miradas ardientes. Mi mente continuaba soñando despierta y tenía fantasías con antiguas novias. Esto era mucho más que un simple indicio de inmoralidad sexual.

Estaba pagando el precio y las cuentas se me iban acumulando. Primero, no podía mirar a Dios a cara descubierta. Nunca podía adorarlo plenamente. Y como soñaba estar con otras mujeres, y hasta cierto modo disfrutaba el recuerdo de las conquistas sexuales del pasado, sabía que era un hipócrita y, por lo tanto, continuaba sintiéndome distanciado de Dios.

Las personas a mi alrededor no estaban de acuerdo conmigo y me decían: «¡Vamos, hombre! ¡Por amor al cielo, nadie puede controlar la vista ni la mente! ¡Dios te ama! El problema debe ser otro». Pero yo sabía que no era así.

Mi vida de oración era muy endeble. En cierta ocasión mi hijo se enfermó y tuvimos que correr con él a la sala de urgencia. ¿Me apresuré a orar en ese momento? No. Lo único que pude hacer fue apresurar a otros para que oraran por mí. «¿Llamaste al pastor para que ore?» le pregunté a Brenda. «¿Llamaste a Ron? ¿Llamaste a Red para que ore?» A causa de mi pecado no tenía fe en mis oraciones.

Mi fe también era muy débil en otras esferas. Si como vendedor a comisión y ante la competencia perdía varios negocios seguidos, no podía estar seguro de si la causa de tal revés era de alguna manera mi pecado. No tenía paz.

Estaba pagando el precio de mi pecado.

Mi matrimonio también estaba sufriendo. A causa de mi pecado no me podía comprometer con Brenda al ciento por ciento porque temía que en el futuro me dejara. Eso le robó intimidad a Brenda. Pero eso no era todo. Brenda me confesó que tenía unos sueños pavorosos en los que Satanás la perseguía. ¿Acaso mi inmoralidad privaba a mi esposa de la protección espiritual?

Mi esposa estaba pagando un precio.

En la iglesia no era más que un traje vacío. Acudía allí con una desesperada necesidad de perdón y de que me ministraran. Nunca llegué a la iglesia listo para ministrarles a los demás. Por supuesto, mis oraciones en la iglesia no eran más efectivas que en cualquier otro lugar.

Mi iglesia estaba pagando un precio.

Recuerdo que escuché un sermón en el que el pastor habló sobre el «pecado generacional», los patrones de pecado que heredan los hijos de sus padres (Éxodo 34:7). Y mientras estaba sentado en el banco de la iglesia recordé que durante la Gran Depresión mi abuelo dejó sola a su esposa criando a sus seis hijos. Mi padre dejó a su familia para involucrarse en múltiples relaciones sexuales. Y ese mismo patrón lo heredé yo, de lo cual di evidencia al involucrarme en múltiples relaciones en la universidad. Y aunque salvo, reconocí ahora que aún no había solucionado este asunto de la pureza en mi vida, y me amedrentaba pensar que le traspasara a mis hijos el mismo patrón.

Mis hijos podrían pagar un precio.

Finalmente logré establecer la relación que existía entre mi inmoralidad sexual y mi distanciamiento con Dios. Estaba pagando enormes penalidades en cada esfera de mi vida.

Al eliminar los adulterios y la pornografía visible, ante todos tenía una apariencia pura pero ante Dios, estaba muy lejos de la meta. Sencillamente había encontrado un nivel medio entre el paganismo y la obediencia a las normas establecidas por Dios.

Desesperación

Dios deseaba mejores cosas para mí. Me había librado del foso, pero dejé de moverme hacia Él. Después de ver los precios que estaba pagando y cuán distante estaba de Dios, decidí que había llegado el momento de acercarme más a Él.

Pensé que el peregrinaje sería fácil. Después de todo, había decidido eliminar la pornografía y las aventuras amorosas, y ya ninguna de estas existía. Pensé que con esa misma facilidad acabaría con el resto de esta basura sexual.

Pero no pude. Todas las semanas me decía que no debía mirar las publicaciones insertadas, pero todos los domingos por la mañana me seducían las notables fotos. Todas las semanas me juraba que durante los viajes de negocios evitaría mirar las películas con contenido sexual, clasificadas-R (para personas mayores de dieciocho años), pero todas las semanas fallaba a mi promesa, me enfrascaba en fuertes luchas y siempre perdía. Cada vez que en la calle veía a una llamativa corredora, me prometía no volverlo a hacer. Pero siempre lo hacía.

Lo que había hecho era simplemente intercambiar la pornografía de revistas como *Playboy* y *Gallery*, por la pornografía de los anuncios en las hojas sueltas de los periódicos y demás revistas. ¿Y las aventuras amorosas? Simplemente intercambié las relaciones amorosas físicas por relaciones y fantasías mentales, relaciones amorosas de los ojos y del corazón. El pecado permaneció porque en realidad nunca *cambié,* nunca rechacé el pecado sexual y nunca escapé de la esclavitud sexual. Simplemente hice un intercambio de amos.

Pasaron dos meses y luego dos años. La distancia entre Dios y yo se hizo cada vez mayor, aumentaron las cuentas por pagar y mi impureza continuó gobernándome. Con cada fracaso mi fe menguó un poco más. Cada pérdida desesperante causó en mí mayor desesperación. Y aunque siempre podía decir que no, nunca fue un no rotundo.

Algo me tenía apresado, algo que rehusaba soltar, algo maligno. Al igual que Steve, finalmente encontré plena libertad. Y desde entonces, Steve y yo hemos tenido la oportunidad de hablar con hombres que se encuentran atrapados en fosos de sensualidad. Atrapados y desesperados por ser libres, sus historias conmueven el corazón. Luego de conocer mi historia, quizá te puedas identificar con los hombres de las próximas páginas.

capítulo 3

¿Adicción o algo más?

Antes de experimentar la victoria del pecado sexual, los hombres se sienten doloridos y confundidos. *¿Por qué no puedo vencer esto?*, piensan. Y según continúa la batalla y se acumulan las derrotas comenzamos a dudarlo todo respecto a nosotros mismos, inclusive nuestra salvación. En el mejor de los casos pensamos que estamos profundamente dañados y en el peor de los casos, que somos profundamente malvados. Nos sentimos muy solos, ya que como hombres no hablamos mucho sobre estos asuntos.

Pero *no* estamos solos. Son muchos los hombres que han caído en sus propios fosos sexuales.

De Fred: ¿Te das cuenta?

Estas caídas ocurren con gran facilidad, ya que gran parte de la inmoralidad sexual en nuestra cultura es tan sutil, que a veces no la reconocemos como lo que en realidad es.

Cierto día un compañero llamado Mike me habló de alquilar en vídeo la película *Forrest Gump*. «¡Hombre, es una gran película!», exclamó. «La actuación de Tom Hanks fue brillante. Desde el principio hasta el final me lo pasé llorando y riéndome. Yo sé que tú y Brenda alquilan buenas películas para tus hijos. Deberían alquilar esta. Es una película buena y sana».

«No. No traeremos *Forrest Gump* a la sala de nuestra casa», le respondí.

Sorprendido ante mi reacción, Mike preguntó: «¿Pero por qué? ¡Es una gran película!»

«Bien, ¿recuerdas al principio de la película esa escena en la que Sally Field tiene relaciones sexuales con el director para lograr que su hijo se matriculara en la "escuela correcta?"» «Aahhh…»

«¿Y qué de los senos desnudos en la fiesta de fin de año? ¿Y la actuación del guitarrista desnudo? Y al final de la película, cuando finalmente *Forrest* "atrapó" a la chica en la escena de relación sexual, y ella concibió un hijo fuera del matrimonio. ¡Esas no son las clases de cosas que deseo mostrarles a mis hijos!»

Mike se dejó caer en una silla. «Creo que hace tanto tiempo que he estado viendo películas, que ni siquiera noté tales cosas».

¿Te das cuenta? Piensa en esto. Imagínate que dejas a tus hijos en casa de los abuelos durante el fin de semana y decides mirar *Forrest Gump* junto con tu esposa. Alquilas el vídeo, preparas una bolsa de palomitas de maíz, te acurrucas al lado de ella y echas a correr la película. Después de muchas risas y sollozos, ambos deciden que *Forrest Gump* fue una gran película.

Pero lo que recibiste de la película fue mucho más que un entretenimiento, ¿no crees? ¿Recuerdas los gruñidos y los jadeos entre Sally Field y el director de la escuela? Y en la próxima escena cuando Sally Field apareció en pantalla, ¿le echaste un rápido vistazo de arriba abajo y te preguntaste cómo sería estar con ella debajo de las sábanas? Mientras lo estás pensando tienes el brazo alrededor de tu esposa. Y luego, cuando ambos se retiran a la alcoba para un poco de «acción» entre esposos, reemplazas el rostro de tu esposa por el de Sally Field, y te preguntas por qué razón no podría ella hacerte gruñir y jadear igual que al director.

«¡Por favor!», replicas. «Ese tipo de cosa ocurre todo el tiempo». Quizá tengas razón, pero escucha las inquietantes palabras de Jesús: «Pero yo os digo que cualquiera que mira a una mujer para codiciarla, ya adulteró con ella en su corazón» (Mateo 5:28).

A la luz de las Escrituras, cosas insignificantes como objetar respecto a *Forrest Gump*, tal vez no sean pequeños entrometimientos legalistas como a veces pensamos. Tales influencias sutiles, añadidas a lo largo del tiempo a cientos de otras «pequeñeces», presentan mucho más que un mero indicio de inmoralidad sexual en nuestra vida. Y muy pronto, el efecto deja de ser tan sutil y divertido.

Luchas por doquier

Permítannos contarles algunas historias.

Thad se está recuperando de la adicción a las drogas en un ministerio local cristiano. «Me he esforzado en arreglar mi vida», nos dijo. «En el centro de rehabilitación aprendí mucho sobre mí mismo y sobre mi adicción a las drogas. Eso es lo que esperaba y por esa razón fui allá. Pero descubrí algo nuevo e inesperado: tengo problemas con la lascivia y la impureza.

»*Quiero* ser libre, pero me estoy llenando de frustración y enojo en contra de la iglesia. La Biblia dice que las mujeres deben vestir modestamente, pero no lo hacen. Las cantantes siempre visten lo último, lo más ajustado en las modas. Las miro y todo lo que veo son curvas y piernas. ¿Observaste la que siempre se viste con una abertura que le sube hasta la parte superior del muslo? Ese muslo relampaguea con cada paso que da. ¡Me llena de ira! ¿Por qué lo hacen más difícil para nosotros?»

Howard, un maestro de la Escuela Dominical, describió un suceso que cambió su vida mientras estaba en la escuela intermedia. «Me dirigía a casa cuando Billy y yo nos detuvimos en la tienda para comprar algo de tomar. En realidad Billy no era de mi agrado, pero sentía lástima por él. No tenía muchos amigos y se esforzaba mucho tratando de ganar algunos amigos. De camino a la tienda me habló de algo llamado masturbación. Nunca antes había escuchado esa palabra y él me explicó de qué se trataba. Me dijo que todos los chicos la experimentaban.

»No dejé de pensar en lo que me dijo y esa noche decidí experimentar. ¡Ya pasaron quince años y no paso más de una semana sin masturbarme!

»Siempre pensé que el matrimonio quitaría el deseo, pero no ha sido mejor y me siento muy avergonzado. No tanto por el acto mismo, sino por las cosas en las que pienso y las películas que veo mientras lo hago. *Sé* que es adulterio».

Joe nos contó que le encanta el voleibol playero femenino. «Durante las noches tengo sueños sorprendentemente gráficos con esas mujeres», nos confió. «Algunos de estos sueños son tan excitantes y reales que al otro día me despierto *seguro* de haber estado en la cama con ellas. Agobiado por la culpa comienzo a preguntarme dónde está mi esposa, seguro de que me ha dejado por causa de esta aventura amorosa y preocupado pensando cómo pude hacer tal cosa. Por último, al ir aclarándose mi mente, lentamente vuelvo a reconocer que *era* solo un sueño. Pero aun así me siento incómodo. ¿Quieres saber por qué? Porque aunque sepa que solo fue un sueño, no estoy tan seguro de que *no fuera* un tipo de adulterio».

Wally, un hombre de negocios y frecuente viajero, nos dijo que le tiene pavor a los hoteles. «Siempre disfruto de una cena larga y sin prisa», nos dice él, «dilato la hora de regresar a mi habitación porque sé lo que me espera. No pasa mucho tiempo antes de verme con el control remoto del televisor en mi mano. Me digo que solo será por un breve minuto, pero sé que miento. Sé lo que realmente deseo. Espero captar alguna escena sexual breve, o dos, mientras cambio los canales. Me digo que solo miraré durante un breve instante o que detendré todo antes de que me emocione demasiado. Entonces se enciende mi motor interno y aumenta el deseo por ver más, hasta el punto de a veces encender el canal pornográfico.

»El nivel de revoluciones por minuto es tan elevado que debo hacer algo, o siento como si fuera a explotar el motor. Así que me masturbo. En pocas ocasiones batallo en contra de tales deseos, pero si lo hago, después que apago las luces me inundan pensamientos y deseos lascivos. Abro mis ojos y miro hacia el techo. No veo nada, pero literalmente siento el bombardeo, el palpitante deseo. No puedo conciliar el sueño, y eso me está matando. Entonces digo: "Está bien, si me masturbo, estaré en paz y finalmente podré dormirme". Entonces lo hago, y ¿sabes una cosa? la culpa es tan abrumadora que *todavía* no me puedo dormir. Por la mañana me levanto completamente exhausto.

»¿Qué me pasa? ¿Tienen otros hombres este mismo problema? La realidad es que temo preguntar. ¿Y qué si no todos son como yo? ¿Qué se podría entonces decir de *mí*? Peor aun, ¿qué tal si todos fueran como yo? ¿Qué se podría decir entonces de la iglesia?»

Todos los días John se levanta muy temprano para ver los programas de ejercicio matutino, aunque en realidad su estado físico no le interesa mucho. «Lo cierto es», dijo John, «que me siento casi *obligado* a mirar las imágenes en primer plano de las nalgas, los senos y especialmente la parte interior de los muslos y codicio, codicio y codicio lascivamente. A veces me pregunto si los productores que muestran tales imágenes de cerca, solo están tratando de "enganchar" a los hombres para que vean sus programas.

»Todos los días me digo que esta será la última vez. Pero al amanecer del siguiente día, de nuevo me encuentro frente al televisor».

Estos hombres no son extraños, sino tus vecinos, tus compañeros de trabajo... hasta tus parientes. Ellos son lo que tú eres. Son los maestros de la Escuela Dominical, los ujieres y los diáconos. Ni siquiera los pastores son inmunes. Un joven pastor nos detalló entre lágrimas su ministerio y gran deseo por servir al Señor, y de una manera profundamente conmovedora expresó la devoción que sentía en cuanto a su llamado. Pero sus lágrimas se convirtieron en desgarradores sollozos al mencionar su esclavitud a la pornografía. Su espíritu estaba presto, pero su carne era débil.

Dar vueltas en los ciclos

¿Y qué podemos decir de ti? Tal vez sea cierto que cuando tú y una mujer llegan a una puerta simultáneamente esperas para dejarla entrar primero, pero no motivado por el honor. Quieres seguirla mientras sube las escaleras y mirarla de arriba abajo. Entre las citas quizá manejes tu auto alquilado por el estacionamiento de un gimnasio local mirando a las mujeres ligeramente vestidas que entran y salen del establecimiento mientras das rienda suelta a la lascivia, las fantasías y tal vez hasta te masturbes dentro del auto. Es posible que no puedas mantenerte alejado de la Sexta Avenida donde las prostitutas ejercen sus oficios. Por supuesto, jamás emplearías a una de ellas. O quizá en tu casa nunca compres la revista *Playboy*, pero cuando estás en un viaje de negocios no puedes evitar hacerlo.

Sigues enseñando en la Escuela Dominical, sigues cantando en el coro y sigues apoyando a tu familia. Eres fiel a tu esposa... bueno, por lo menos no te has involucrado en una verdadera relación física. Estás prosperando, vives en una linda residencia con buenos autos, buena ropa y un gran futuro por delante. Piensas: *Todos me ven como un modelo. Estoy bien.*

En privado, sin embargo, tu conciencia se oscurece hasta que casi no puedes distinguir entre el bien y el mal y miras las cosas como la película *Forrest Gump* sin notar la sexualidad. Te ahogas en la prisión sexual que tú construiste, preguntándote a dónde fueron a parar las promesas de Dios. Año tras año das vueltas en los mismos ciclos pecaminosos.

Y la adoración te causa molestia. El tiempo de oración. El distanciamiento, siempre el distanciamiento de Dios.

Mientras tanto, tu pecado sexual permanece tan constante como las manecillas de un reloj.

Rick, por ejemplo, camina por los pasillos a la hora de la merienda solo para echar un vistazo a través de las puertas de cristal de la otra oficina, en la que una secretaria con grandes senos atiende las llamadas telefónicas y recibe a los clientes. «Todos los días a las 9:30 la saludo y ella me sonríe», dice él pensativo. «Es hermosa, y su ropa... pues digamos que realmente realza sus mejores cualidades. No conozco su nombre, pero hasta me deprimo cuando se ausenta del trabajo».

De manera similar, Sid se apresura por llegar a casa todos los días a las 4:00 p.m. durante la temporada del verano. Esa es la hora en que su vecina Ángela toma baños de sol en el patio, frente a su ventana. «A las cuatro de la tarde se acuesta vistiendo su biquini, y ni siquiera sabe que la puedo ver. Puedo mirar y deleitarme hasta el máximo. Es tan sensual que casi no puedo contenerme y me masturbo todos los días al verla».

Toma esta prueba

¿Son adictos estos hombres? Los fuertes y compulsivos deseos sexuales son en realidad una evidencia convincente.

Aquí hay una pequeña prueba que puedes tomar. No necesitas un lápiz; lo único que necesitas es ser sincero contigo mismo. Contesta «sí o no» a las siguientes preguntas:

1. ¿Te concentras fijamente cuando una mujer atractiva se acerca a ti?
2. ¿Te masturbas imaginando a otras mujeres?
3. ¿Consideras que tu esposa es menos que satisfactoria sexualmente?
4. ¿Albergas algún resentimiento en contra de tu esposa, un resentimiento que te da un sentido de derecho?
5. ¿Buscas en las revistas o periódicos los artículos o fotos que te sean sexualmente estimulantes?
6. ¿Tienes un lugar o compartimiento secreto que mantienes escondido de tu esposa?
7. ¿Anhelas con ansiedad salir en viajes de negocio?
8. ¿Tienen comportamientos que no puedes comentar con tu esposa?
9. ¿Visitas con frecuencia sitios pornográficos en internet?
10. ¿Ves películas clasificadas R (para mayores de dieciocho años), videos sensuales o el Canal VH1 en busca de gratificación?

Si respondiste afirmativamente a cualquiera de estas preguntas, estás al acecho de la puerta que lleva hacia la adicción sexual. Te encuentras *dentro* de dicha puerta si respondes afirmativamente a las siguientes preguntas:

1. ¿En tu casa o mientras te encuentras de viaje miras canales de televisión por pagar que son explícitamente sexuales?
2. ¿Compras pornografía a través de internet?

3. ¿Alquilas películas para adultos?
4. ¿Miras mujeres que bailan desnudas?
5. ¿Llamas a los números 900 en busca de excitación sexual por teléfono?
6. ¿Te gusta espiar a mujeres desnudas?

Si respondiste afirmativamente a las últimas seis preguntas, es muy probable que seas un adicto sexual. Cuando en Tito 2:3 se nos exhorta para que no seamos «esclavos del vino», la palabra griega que se usa para «esclavos» significa uno que es llevado cautivo como un esclavo. Si crees que eres esclavo de tus pasiones sexuales, entonces necesitas buscar ayuda para tu adicción dialogando con un consejero o terapeuta. (Puedes llamar gratis al 1-800-NEW-LIFE (639-5433) y solicita las opciones de tratamiento. Una de estas opciones es un programa para adictos sexuales llamado el *New Liberty Program* [Nuevo Programa Libertad].

De Steve: ¿Fuerte apetito o adicción?

Antes de continuar, quiero aclarar que es fácil confundir la conducta y el deseo sexual normal con la compulsión y la gratificación adictivas. Una persona puede tener un apetito sexual mayor de lo normal y no ser un adicto.

En mi libro *Addicted to «Love»* [Adictos al «amor»], escribí sobre las características de la adicción sexual. A continuación aparece un resumen de estas características. Lee la lista para ayudarte a distinguir entre la adicción sexual y el apetito sexual que es más fuerte de lo que se considera normal:

- *La actividad sexual adictiva se hace en aislamiento y carece de toda relación.* Esto no significa que se tenga que hacer mientras se encuentra físicamente solo. Más bien quiere decir que el adicto se encuentra mental y emocionalmente separado o aislado de la relación y el contacto humanos. La adicción sexual tiene que ver con el acto sexual por sí solo. Es la actividad sexual separada de la auténtica interacción de las personas. Esto se hace más claro en relación con la fantasía, la pornografía y la masturbación, pero aun cuando el individuo tiene relaciones sexuales con su pareja, esta en realidad no es una «persona», sino un número cualquiera, una parte intercambiable en un proceso impersonal, casi mecánico. El más íntimo y personal de los comportamientos humanos se vuelve absolutamente impersonal.

- *La actividad sexual adictiva es reservada.* En realidad, el adicto sexual desarrolla una vida doble, practicando la masturbación, frecuentando las tiendas de pornografía y salones de masajes, mientras esconde lo que hace ante los demás y, en cierto modo, hasta de sí mismo.
- *La actividad sexual adictiva carece de intimidad.* El adicto sexual es totalmente egocéntrico y no puede lograr la intimidad genuina porque la obsesión que tiene con sus propias necesidades no deja lugar para darle a los demás.
- *La actividad sexual adictiva produce víctimas.* La obsesión abrumadora de la gratificación de sus propios deseos ciega al adicto y le impide ver el efecto perjudicial que su comportamiento tiene sobre los demás y sobre sí mismo.
- *La actividad sexual adictiva termina en insatisfacción.* Cuando las parejas casadas hacen el amor se sienten satisfechas de haber tenido esa experiencia. La actividad sexual adictiva deja a los participantes con una sensación de culpa, lamentando la experiencia. En vez de ser un acto que les produzca satisfacción, los hace sentirse más vacíos.
- *La actividad sexual adictiva se usa para escapar del dolor y de los problemas.* La naturaleza escapista del adicto, a menudo es uno de los indicadores más claros de que la adicción está presente.

Como cualquier otra adicción, la adicción sexual es progresiva. Tal y como alguien lo describió, es como el «pie de atleta mental». Nunca desaparece. Siempre pide que lo rasquen, prometiendo alivio. Rascarlo, sin embargo, causa dolor e intensifica el picor.

De Fred: Un rayo

Tener «un pie de atleta mental» era precisamente como yo me sentía. Recuerdo con claridad las luchas internas entre las consecuencias de mi pecado y el placer. Recuerdo cuando por último esas consecuencias llegaron al punto en que el placer del pecado ya no valía la pena.

Pero, ¿calificaba yo como «adicto»?

Cuando leí la descripción de un autor sobre un ciclo de adicción de cuatro pasos —preocupación, ritualización, conducta sexual compulsiva y desesperación— supe que yo había vivido ese patrón. Estaba seguro de que lo había experimentado y lo que estos otros hombres habían vivido, era adicción.

Pero un rayo me golpeó cuando el autor bosquejó los tres niveles de adicción (no olvides que este no era un libro cristiano):

Primer nivel: Contiene comportamientos que se consideran normales, aceptables o tolerables. Entre los ejemplos está la masturbación, el homosexualismo y la prostitución.

Segundo nivel: Conductas que son claramente abusivas y para las cuales se imponen las sanciones legales. Por lo general se consideran como fastidiosas ofensas, tales como el exhibicionismo o el voyerismo.

Tercer nivel: Comportamientos que conllevan graves consecuencias para las víctimas y consecuencias legales para los adictos, tales como el incesto, el abuso sexual infantil y la violación.

¿Leíste la lista con detenimiento? ¿Notaste que los ejemplos del Primer nivel no solo incluyen la masturbación, que la mayoría de los hombres a veces practican, sino también el homosexualismo y la prostitución? Estaríamos dispuestos a apostar que la mayoría de los hombres que están leyendo este libro no participan en actos homosexuales ni usan prostitutas. De acuerdo con la definición antes mencionada es posible que después de todo no seamos adictos.

Pero si no somos adictos, ¿entonces qué somos?

De Steve: «Adicción fraccionaria»

Antes de contestar esta pregunta, vamos a meditar nuevamente en estos «tres niveles de adicción» tal y como se describieron anteriormente. Desde nuestra perspectiva cristiana vamos a insertar otro nivel al final de la escala de adicción. Si catalogamos el ser *completamente* puro y santo en el nivel cero, la mayoría de los hombres cristianos que conocemos se podría colocar en algún sitio entre el Nivel 0 y el Nivel 1.

Si eres uno de los muchos hombres que se encuentran en esta esfera, es probable que de ningún modo sería provechoso catalogarte como un «adicto» o insinuar que la victoria requerirá varios años de terapia. Por el contrario, la victoria se puede medir en términos de semanas y esto lo describiremos posteriormente.

Tus comportamientos «adictivos» no están arraigados en un profundo, oscuro y nebuloso laberinto mental como sucede en los Niveles 1, 2 y 3. Por el contrario, están basados en un elevado sentir que produce el placer (como el efecto de una droga). Al exponerse a imágenes sexuales, los hombres reciben una dosis química que los eleva, una hormona llamada *epinefrina* se segrega a la corriente sanguínea encerrando en la memoria cualquier estímulo que este presente al momento de la excitación emocional. He asesorado a hombres que se estimularon emocional y sexualmente solo al tener pensamientos de actividad sexual. Un individuo que firmemente decide ir a comprar en su tienda local una revista pornográfica, experimenta un estímulo sexual mucho antes de entrar a la tienda. El estímulo comenzó durante el proceso de pensar, lo cual activó el sistema nervioso que segregó la *epinefrina* en la corriente sanguínea.

Basado en mi experiencia como asesor, creo que a menudo es cierto que estos hombres viven en el Nivel 1, o peor aun, tienen profundos problemas psicológicos que les tomará años solucionar. Pero son relativamente pocos los hombres que viven ahí. Nuestro argumento es que la gran mayoría de los hombres que se encuentran atascados en el fango del pecado sexual, viven entre el Nivel 0 y el Nivel 1. A estos les podemos llamar una «adicción fraccionaria», ya que eso representa vivir a cierto nivel que es una fracción entre el 0 y el 1. Si somos adictos fraccionarios es seguro que experimentamos atracciones adictivas, pero no nos vemos obligados a actuar para tranquilizar el dolor. Nos sentimos fuertemente atraídos por la dosis química que nos eleva y por la gratificación sexual que produce.

Otra manera de considerar el alcance del problema es imaginarnos una curva en forma de campana. De acuerdo con nuestra experiencia calculamos que alrededor del 10% de los hombres no tienen ningún problema sexual-tentación con sus ojos y mentes. Al otro lado de la curva calculamos que hay otro 10% de hombres que son adictos sexuales y tienen un serio problema con la lascivia. Los sucesos emocionales los dejaron tan golpeados y marcados que simplemente no pueden conquistar este pecado en sus vidas. Necesitan más asesoramiento y una limpieza transformadora por medio de la Palabra. El resto de nosotros estamos comprendidos en medio del 80% viviendo en varios tonos de color gris en cuanto al pecado sexual se refiere.

En pos de la fruta prohibida

Tal y como lo describí anteriormente, viví en esta esfera de la adicción fraccionaria durante la primera década de mi matrimonio, así como durante la adolescencia y los años de universidad. Mi interés en el cuerpo femenino se formó a la edad de cuatro y cinco años durante las visitas al taller de mi abuelo en Ranger, Texas. Me encantaba visitar aquel viejo taller y caminar entre los tornos y prensas donde mi abuelo hacía herramientas que se usaban para reparar las tuberías rotas en los pozos de petróleo. Las paredes de su oficina estaban adornadas con carteles de mujeres desnudas, y yo no podía dejar de mirar con asombro esos voluptuosos cuerpos.

Al ir creciendo consideraba a las mujeres más como objetos que como personas con sentimientos. Para mí la pornografía se convirtió en una tentación hacia el amor prohibido. Muchas jovencitas con las que salí en citas amorosas durante los años de escuela secundaria y universidad eran puras sexualmente y así permanecieron durante el tiempo en que nos relacionamos, pero yo siempre estaba manipulando y confabulando, yendo tras lo que era prohibido.

Más tarde probé la fruta prohibida, al ingresar a un período de promiscuidad en mi vida. Cuando por fin tuve relaciones sexuales prematrimoniales, experimenté un sentido de control y pertenencia, como si las jovencitas me pertenecieran. Ellas eran los objetos de mi gratificación, al igual que las fotos que colgaban en las paredes del taller de mi abuelo.

Secretos

Cuando conocí a Sandy, hicimos el compromiso de no tener relaciones sexuales antes del matrimonio, y no las tuvimos. Sin embargo, no le conté mi pasado ni tampoco le revelé todos los compartimientos secretos llamados «Relaciones pasadas y promiscuidad». Como resultado, arrastré mi pasado a mi vida matrimonial, lo cual produjo problemas, de la misma forma que ella también arrastró sus problemas a nuestra unión matrimonial. Poco faltó para que nuestro matrimonio no sobreviviera los primeros años tumultuosos.

Durante esa tenebrosa temporada, mientras más enojo sentía en contra de Sandy, más lascivos eran mis pensamientos. Comencé a vivir en un mundo secreto de gratificación, el cual se forjó mirando a otras mujeres hermosas, ya fuera que se encontraran en revistas de modas o en revistas exclusivas para mujeres. Al recordar el pasado, entiendo por qué tales imágenes causaron una ruptura en la relación que había entre nosotros. Pero yo estaba completamente ajeno al hecho de que estaba haciéndole daño a mi matrimonio. Después de todo, no tenía relaciones sexuales con nadie más, excepto con ella. No estaba recibiendo masajes en todo el cuerpo, en las deterioradas partes de la ciudad, ni me estaba masturbando ante las fotos de modelos semidesnudas. Pero lo que *sí estaba* haciendo era, introduciendo a mi vida matrimonial algo que no debía. Me sentí con el derecho de seguir viviendo en este mundo secreto donde experimentaba pequeñas dosis de gratificación al mirar los cuerpos de hermosas mujeres. Y eso *dañaba* mi matrimonio.

Lo que yo, junto con Fred, necesitaba hacer era entrenar los ojos y la mente para comportarme bien. Necesitaba alinear mis ojos y mi mente con la Palabra y evitar todo indicio de inmoralidad sexual.

No obstante, antes de involucrarnos en un plan de acción para realinear nuestros ojos y mentes, necesitamos hablar un poco más sobre las raíces del yugo sexual. ¿Por qué hay tantos hombres cristianos que no pueden escapar del pecado sexual? En el siguiente capítulo estaremos explorando la razón de este dilema.

Del corazón de una mujer

(La impureza sexual masculina podría ser un tanto perturbadora y chocante para las mujeres, y es por eso que estamos incluyendo secciones de entrevistas que llevamos a cabo con las mujeres respecto a *La batalla de cada hombre*.)

Cuando le pidieron a Deena que compartiera su reacción ante la premisa de este libro, respondió: «¡Todo esto es una locura! ¡Las mujeres no tenemos tales problemas!»

Fawn decidió que los hombres y las mujeres son tan diferentes en su alambrado sexual, que resulta imposible entenderlo. «Para mí fue una gran sorpresa saber que los hombres cristianos tienen este problema incluso después de casados», dijo ella. «La intensidad del problema me resultó chocante».

Cathy dijo: «No sabiá la profundidad a la que los hombres podrían descender ni el riesgo que estarían dispuestos a tomar con tal de satisfacer sus deseos. No estaba al tanto de cuán intensas son estas tentaciones ni de toda la defensa que debe reunir un hombre para evitar cruzar los límites que Dios estableció».

Andrea dijo que luego de tener conversaciones con su padre y con los diferentes amigos con quienes salía, supo que los hombres quedan atraídos por la vista con mucha facilidad. Pero nunca reconoció la seriedad de este problema hasta que conoció a su futuro esposo. «En aquel entonces, él era mi amigo más cercano en el grupo de los jóvenes, pero no estábamos románticamente involucrados», dijo Andrea. «Él se sintió cómodo conmigo para contarme el problema que tenía con la pornografía. Para él esta era una lucha increíblemente ardua, ya que fue expuesto a ella en el tercer grado de la escuela primaria. Me sentía un poco asombrada ante toda esta situación. Aunque de soltera me atraían otros chicos por su apariencia, la atracción física que sentía no tenía comparación con lo que un hombre siente cuando mira a una mujer».

Brenda, la esposa de Fred, también participó en estas entrevistas. Ella resumió lo que es la típica respuesta femenina: «No quiero parecer una persona muy exigente, pero lo cierto es que debido a que por lo general las mujeres no experimentan este problema, nos parece que algunos hombres son pervertidos incontrolables que no piensan en otra cosa aparte de las relaciones sexuales. Saber que hasta los pastores y los diáconos podrían tener este problema, afecta mi nivel de confianza en los hombres. No me agrada que de una manera lasciva los hombres tomen ventaja de las mujeres en sus pensamientos, aunque reconozco que gran parte de la culpa la tienen las mujeres por la manera de vestirse. Por lo menos me causa cierto consuelo saber que son *muchos* los hombres que tienen este problema. Y ya que la mayoría de ellos están afectados, no podemos en realidad decir que son unos pervertidos».

(¡Vaya! Muchas gracias, Brenda. En realidad expresaste un punto muy importante que abre el paso a pensamientos adicionales desde una perspectiva masculina. Nosotros los hombres entendemos el asombro de ustedes. Después de todo, a menudo nos sentimos abrumados en el área sexual, y también lo detestamos. Es por eso que deseamos misericordia, aunque sabemos que no la merecemos. ¿Cuánta misericordia podría encontrarse en el corazón de una mujer cuando se detiene a considerar este problema? Como es lógico, esto depende de la situación de su esposo.)

En el corazón de las mujeres existe una lucha natural entre la compasión y la aversión, entre la misericordia y el juicio.

Ellen dijo: «Después de escuchar esto, me sorprendió saber que los hombres casados enfrentan tantos problemas. Me dan mucha lástima. Cuando le pregunté a mi esposo sobre esto, fue sincero conmigo al mencionar que tenía ciertas luchas, y al principio me sentí herida. Después le agradecí habérmelo dicho. Él no ha tenido un serio problema en este aspecto, de lo cual estoy agradecida».

Cathy también se inclina hacia la misericordia. «Las imágenes sensuales constantemente bombardean a mi esposo y me sentí complacida con su sinceridad al respecto», dijo ella. «Quiero conocer cuáles son las tentaciones que él enfrenta. Esto me ayudará a tener más compasión con su difícil situación. No me sentí traicionada porque él ha probado ser fiel en medio de esta lucha. Otras mujeres no son tan dichosas».

¿Y qué de las mujeres cuyos esposos han estado perdiendo dicha batalla en forma considerable?

«Cuando mi esposo y yo dialogamos sobre el tema, él fue sincero conmigo», nos dijo Deena, «y me enojé muchísimo con él. Estaba herida. Me sentí profundamente traicionada porque había hecho dietas y ejercicios con tal de no engordar y verme siempre hermosa para él. No podía entender por qué necesitaba mirar a otras mujeres».

Las mujeres nos explicaron que luchan entre la compasión y el enojo, y que sus sentimientos pueden subir y bajar junto con la marea de la lucha que enfrentan sus esposos. A las mujeres que leen este libro queremos darles el siguiente consejo: Aunque saben que deben orar por él y satisfacerlo sexualmente, en ocasiones no querrás hacerlo. Hablen el uno con el otro abierta y francamente y entonces hagan lo adecuado.

Segunda Parte

¿Cómo llegamos hasta aquí?

capítulo 4

Mezcla de normas

Para la mayoría de nosotros vernos atrapados en el pecado sexual ocurre de manera tan fácil y natural, como lo es resbalarse en un bloque de hielo. ¿Por qué?

Como veremos más adelante, nuestra masculinidad nos ofrece una vulnerabilidad natural hacia el pecado sexual. Pero por el momento vamos a explorar cómo el inconstante corazón humano también nos hace ser vulnerables.

Tal vez tuviste la esperanza de que algún día serías libre del pecado sexual y esperas dejarlo atrás de la misma forma natural en que te involucraste en él, algo así como dejar atrás la etapa del acné juvenil. Quizá esperaste que con la llegada de cada cumpleaños ocurriera una limpieza de tu impureza sexual. Eso nunca sucedió. Después pensaste que por medio del matrimonio te librarías naturalmente de tal yugo. Pero, como nos ha ocurrido a muchos, eso tampoco sucedió.

De Fred: confianza equivocada

Cuando Mark se matriculó en mi clase prematrimonial, me dijo: «Todo el problema de la impureza ha sido un lío. Durante años he estado atrapado y espero que el matrimonio me libere. Podré tener relaciones sexuales todas las veces que desee. ¡Satanás ya no podrá tentarme!»

Pocos años después nos volvimos a encontrar y no me sorprendí al escuchar que el matrimonio no había podido curar el problema. «¿Sabes una cosa, Fred? Mi esposa no desea hacer el amor con la misma frecuencia que yo deseo», me dijo.

¿No me digas?

«No quiero parecer un adicto sexual o algo por el estilo, pero probablemente tengo tantas necesidades no suplidas como las que tenía antes de casarme. Y encima de todo, hay ciertas esferas de la exploración sexual que a ella le parecen vergonzosas o descaradas. A veces se refiere a estas como "pervertidas". Creo que hasta cierto punto es una mojigata, pero ¿qué puedo decir?»

Basado en nuestra experiencia, ¡no mucho!

Matrimonio: No un nirvana sexual

Para los hombres casados no es una sorpresa que el matrimonio no elimine la impureza sexual, aunque sí lo es para los adolescentes y los jóvenes solteros. Ron, un joven pastor del estado de Minnesota, nos dijo que cuando reta a los jóvenes para que se mantengan sexualmente puros obtiene esta respuesta: «Pastor, para usted es muy fácil decirlo. ¡Ya está casado y puede tener relaciones sexuales todas las veces que lo desee!» Los jóvenes solteros creen que el matrimonio produce un estado de nirvana sexual.

Si tan solo fuera cierto. En primer lugar, la relación sexual tiene diferentes significados para los hombres y para las mujeres. Los hombres primordialmente reciben intimidad justo antes y durante el acto sexual. Las mujeres experimentan intimidad a través del toque, la interacción, los abrazos y la comunicación. Entonces, ¿es de sorprendernos que para las mujeres la frecuencia en las relaciones sexuales sea menos importante que para el hombre, como lamentablemente descubrió Mark? Debido a las diferencias que existen entre el hombre y la mujer, el desarrollo de una vida sexual satisfactoria en el matrimonio no es nada fácil. Es más, es tan difícil como anotar un gol desde medio campo.

En segundo lugar, la vida está llena de inesperados obstáculos. Lance se casó con la chica de sus sueños y entonces fue que se enteró que su esposa tenía una deficiencia estructural y por consecuencia el coito le resultaba muy doloroso. Necesitó someterse a una intervención quirúrgica y varios meses de rehabilitación para corregir el problema.

En el caso de Bill, en cierta ocasión su esposa se enfermó a tal grado que no pudieron tener relaciones sexuales durante ocho meses. Ante estas circunstancias, ¿tenían Lance y Bill libertad para decir: «Dios mío, seguiré usando la pornografía hasta que sanes a mi esposa?» No lo creo.

En tercer lugar, de repente tu esposa podría convertirse en una persona diferente a la que estuviste cortejando. Larry, un robusto y bien parecido pastor en la ciudad de Washington, D.C. tiene una gran herencia cristiana. Su padre es un pastor maravilloso y Larry se alegró muchísimo cuando el Señor lo llamó a él también al ministerio. Conoció a Linda, una hermosa y llamativa rubia, y como en las novelas, parecían estar creados el uno para el otro.

Sin embargo, después de la boda Larry se percató de que Linda estaba más interesada en su carrera personal que en satisfacerlo sexualmente. No solo carecía de todo interés por el acto sexual, sino que a menudo lo usaba como un arma manipuladora para lograr su cometido. Por consiguiente, Larry no tiene relaciones sexuales con frecuencia. Dos veces al mes sería una bonanza y una vez cada dos meses es la norma. ¿Qué se espera que Larry le diga a Dios? *¡Señor, Linda no esta actuando como una mujer piadosa! ¡Haz un cambio en ella, y entonces dejaré de masturbarme!* Difícilmente. El matrimonio no satisface los deseos sexuales de Larry, pero aun así Dios espera pureza.

Tu pureza no debe depender del deseo o de la salud de tu cónyuge. Dios te hace responsable y si no ejerces control antes del día de tu boda, no puedes esperar que se manifieste después de la luna de miel. Si eres soltero y tienes el hábito de mirar películas clasificadas R, la felicidad del matrimonio no cambiará este hábito. Si tus ojos se enfocan en las hermosas chicas que pasan por tu lado, seguirán divagando después que hayas dicho: «Sí, lo prometo». ¿Tienes el hábito de masturbarte? Colocarte el anillo en el dedo no evitará que lo sigas haciendo.

¿Qué está sucediendo aquí?

Cuando el matrimonio no resuelve de inmediato nuestro problema nos aferramos a la esperanza de que, al pasar suficiente tiempo, el matrimonio podría liberarnos. Andy nos dijo: «En cierta ocasión leí que el impulso sexual de un hombre decae durante los años treinta y cuarenta, mientras que durante el mismo tiempo el de la mujer llega a su clímax. Mientras tanto pensé que Jill y yo nos encontraríamos en un bendito terreno intermedio. No sucedió así».

Pero la libertad del pecado sexual casi nunca se logra a través del matrimonio o el paso del tiempo. (La frase «viejo verde» debería revelarnos algo al respecto.) Así que si estás cansado de la impureza sexual y de la mediocridad, y si estás cansado del distanciamiento de Dios que viene como resultado, deja de estar esperando que el matrimonio o que algún descenso hormonal venga a tu auxilio.

Si deseas cambiar, reconoce que eres impuro porque diluiste las normas divinas de la pureza sexual junto con las tuyas. Esa es la primera de las tres razones que estaremos examinando respecto a la mucha facilidad con que caen los hombres en el pecado sexual.

Antes dijimos que la norma que Dios estableció es que evitemos todo indicio de inmoralidad sexual en nuestra vida. Si siguiéramos esta norma, nunca caeríamos en esclavitud sexual. Así que *debemos* asombrarnos de que tantos hombres cristianos estén bajo tal yugo de esclavitud.

Nuestro Padre celestial está asombrado. Aquí está nuestra paráfrasis de algunas preguntas que Dios hizo (en Oseas 8:5-6) que revelaron su asombro:

> ¿Qué está sucediendo? ¿Por qué mis hijos escogieron ser impuros? ¡Por amor al cielo, son cristianos! ¿Cuándo comenzarán a comportarse como lo que son?

Dios sabe que somos cristianos y que podemos escoger ser puros. ¿Entonces por qué no lo hacemos? No somos víctimas de una amplia conspiración que nos atrapa sexualmente, solo escogimos mezclar nuestras propias normas de conducta sexual con las normas que Dios estableció. Y como encontramos que las normas que Dios estableció son demasiado difíciles, entonces creamos una mezcla: algo nuevo, algo cómodo, algo mediocre.

¿A qué nos referimos al decir «mezcla»? Un buen ejemplo tal vez sea la nebulosa definición de «relación sexual» que salió a relucir durante el escándalo sexual en el que estuvo involucrado el presidente Bill Clinton. El presidente declaró bajo juramento que no había tenido relaciones sexuales con Mónica Lewinsky, pero después explicó que él no consideraba que el sexo oral estuviera en dicha categoría. Por lo tanto, de acuerdo con esa definición, él nunca cometió adulterio.

Esto representa un contraste radical con las normas que Jesús enseñó: «Pero yo os digo que cualquiera que mira a una mujer para codiciarla, ya adulteró con ella en su corazón» (Mateo 5:28).

Ingenuo, rebelde y descuidado

¿Por qué razón mezclamos tan fácilmente nuestras normas con las normas divinas? ¿Por qué no somos firmes con las decisiones que tomamos respecto al pecado sexual?

A veces, simplemente somos ingenuos. ¿Recuerdas cuando eras niño haber visto *Pinocho*, la clásica película de dibujos de Disney? Pinocho sabía que lo correcto era ir a la escuela, tal y como lo hacían todos los demás niños. Sin embargo, en el camino a la escuela se encontró con unos bribones que le pintaron un maravilloso cuadro de cómo pasar un divertido día en un lugar llamado *La Isla de las Aventuras*, una clase de parque de atracciones ubicado cerca de la orilla de la playa. Le obsequiaron a Pinocho un boleto para el barco que los llevaría al otro lado, pero él no sabía que al finalizar el día todos los niños se convertirían en burros y que los venderían para tirar de los carros en las minas de carbón durante el resto de sus días. De igual manera, nosotros podemos ser ingenuos y hasta necios respecto a las normas divinas sobre la pureza sexual, al dirigirnos a ciegas y dando tumbos hacia lugares equivocados «solo porque todos los demás lo están haciendo».

Pero a veces escogemos las normas sexuales equivocadas, no porque seamos ingenuos sino porque sencillamente somos rebeldes. Somos como *Lampwick*, un chico jactancioso que toma el liderazgo para desviar a Pinocho hacia la Isla de las Aventuras. Desde el primer instante que Lampwick aparece en pantalla, se manifiesta como una persona desagradable, con su actitud dominante y una malévola vocecilla. Uno se pregunta: *«¿Y dónde están sus padres? ¿Por qué no hacen algo al respecto?* Uno sabe que él es plenamente consciente de la maldad que lleva a cabo. Y cualquiera que sea el resultado, ciertamente se lo merece.

Con una rebeldía como la de Lampwick, tal vez sepas muy bien que la inmoralidad sexual está mal, pero lo haces de todas maneras. Disfrutas los viajes a la Isla de las Aventuras, a pesar del precio secreto que tendrás que pagar al final del día.

O tal vez hayas considerado que las normas divinas son demasiado ridículas para tomarse en serio. En un estudio bíblico para solteros, los asistentes comenzaron a dialogar sobre el tema de la pureza. Muchos habían estado casados en el pasado y estaban luchando con la santidad. Cuando alguien sugirió que Dios espera que hasta los solteros eviten todo indicio de inmoralidad sexual, una atractiva joven exclamó: «¡Es imposible que alguien espere que vivamos de tal manera!» El resto del grupo estuvo muy de acuerdo con ella, excepto dos que defendieron las normas que Dios estableció.

Destrucción y vergüenza

Ya sea que hayas sido ingenuo, rebelde o neciamente negligente en cuanto a tomar con seriedad las normas divinas, el hecho de mezclarlas con tus normas te lleva hacia la posibilidad de caer en una trampa aun peor.

La mezcla puede destruir a las personas. Cuando los israelitas se marcharon de Egipto y fueron llevados hacia la Tierra

Prometida, Dios les dijo que cruzaran el río Jordán y que destruyeran toda cosa maligna que encontraran en su nueva tierra. Eso significaba que debían matar a todos los habitantes paganos y destruir a sus dioses hasta convertirlos en polvo. Dios les advirtió que de no hacerlo, su cultura se «mezclaría» con los paganos y ellos adoptarían sus depravadas prácticas.

Pero los israelitas no tuvieron el cuidado de destruirlo todo. Para ellos fue mucho más fácil obedecer a medias. Al pasar el tiempo, las cosas y las personas que no fueron destruidas se convirtieron en una trampa. Los israelitas se convirtieron en adúlteros en cuanto a su relación con Dios y repetidamente les dieron las espaldas.

Tal y como se les prometió, Dios los echó de su tierra. Pero precisamente antes de la destrucción de Israel y de la deportación final de sus habitantes, Dios le profetizó esto a su pueblo sobre su inminente cautiverio:

> Y los que de vosotros escaparen se acordarán de mí entre las naciones en las cuales serán cautivos; porque yo me quebranté a causa de su corazón fornicario que se apartó de mí, y a causa de sus ojos que fornicaron tras sus ídolos; y se *avergonzarán de sí mismos*, a causa de los males que hicieron en todas sus abominaciones (Ezequiel 6:9).

Al entrar a la Tierra Prometida de nuestra salvación, se nos advirtió que debemos eliminar de nuestra vida todo indicio de inmoralidad sexual. Desde que entraste a esa tierra, ¿fallaste en tu intento por romper el pecado sexual? ¿Todo indicio de pecado sexual? Si no lo has hecho, ¿has llegado hasta el punto de sentir vergüenza de ti mismo por tal fracaso? Si es ahí donde te encuentras en este momento, hay esperanza para ti.

Normas divinas tomadas de la Biblia

Debido a que nuestras normas sobre la pureza sexual han estado tan mezcladas con las normas establecidas por Dios, y ya que muchos cristianos no leen sus Biblias a menudo, muchos hombres no tienen ni la más mínima idea sobre las normas divinas respecto a la pureza sexual.

¿Sabías que en casi todos los libros del Nuevo Testamento se nos ordena evitar la impureza sexual? Lo que aparece a continuación es una selección de pasajes que enseñan el interés de Dios por nuestra pureza sexual. (Marcamos en cursivas las palabras clave que nos indican qué debemos evitar en el ámbito sexual):

> **Pero yo [Jesús] os digo que cualquiera que *mira a una mujer para codiciarla,* ya adulteró con ella en su corazón (Mateo 5:28).**
>
> **Porque de dentro, del corazón de los hombres, salen los malos pensamientos, los *adulterios, las fornicaciones,* los homicidios, los hurtos, las avaricias, las maldades, el engaño, *la lascivia,* la envidia, la maledicencia, la soberbia, la insensatez. Todas estas maldades de dentro salen, y *contaminan* al hombre (Marcos 7:21-23).**
>
> **Que os abstengáis...de *fornicación* [inmoralidad sexual] (Hechos 15:29).**
>
> **La noche está avanzada, y se acerca el día. Desechemos, pues, las obras de las tinieblas, y vistámonos las armas de la luz. Andemos como de día, honestamente; no en glotonerías [orgías] y borracheras, no en *lujurias* y *lascivias* [inmoralidad sexual], no en contiendas y envidia (Romanos 13:12-13).**
>
> **Más bien os escribí que no os juntéis con ninguno que, llamándose hermano, fuere *fornicario*, o avaro, o idólatra, o maldiciente, o borracho, o ladrón; con el tal ni aun comáis (1 Corintios 5:11).**
>
> **Pero el cuerpo no es para la *fornicación* [inmoralidad sexual], sino para el Señor (1 Corintios 6:13).**

Huid de la *fornicación* (1 Corintios 6:18).

Que cuando vuelva, me humille Dios entre vosotros, y quizá tenga que llorar por muchos de los que antes han pecado, y no se han arrepentido de la *inmundicia* y *fornicación* [pecado sexual] y *lascivia* que han cometido (2 Corintios 12:21).

Digo, pues: Andad en el Espíritu, y no satisfagáis los deseos de la carne.Y manifiestas son las obras de la carne, que son: *adulterio, fornicación, inmundicia, lascivia* (Gálatas 5:16,19).

Pero *fornicación* y toda inmundicia, o avaricia, ni aun se nombre entre vosotros, como conviene a santos; ni *palabras deshonestas* [obscenidades], ni necedades, ni truhanerías, que no convienen, sino antes bien acciones de gracias (Efesios 5:3-4).

Haced morir, pues, lo terrenal en vosotros: *fornicación, impureza, pasiones desordenadas, malos deseos* y avaricia, que es idolatría; cosas por las cuales la ira de Dios viene sobre los hijos de desobediencia (Colosenses 3:5-6).

Pues la voluntad de Dios es vuestra santificación; que os apartéis de *fornicación;* que cada uno de vosotros sepa tener a su propia esposa en santidad y honor; no en *pasión de concupiscencia*, como los gentiles que no conocen a Dios ... Pues no nos ha llamado Dios a *inmundicia* sino a santificación (1 Tesalonicenses 4:3-5,7).

No sea que haya [entre vosotros] algún *fornicario,* o *profano* (Hebreos 12:16).

Honroso sea en todos el matrimonio, y el lecho sin mancilla; pero a los *fornicarios* y a los *adúlteros* los juzgará Dios (Hebreos 13:4).

Baste ya el tiempo pasado para haber hecho lo que agrada a los gentiles, andando en *lascivias, concupiscencias*, embriagueces, *orgías*, disipación y abominables idolatrías (1 Pedro 4:3).

Como Sodoma y Gomorra y las ciudades vecinas, las cuales de la misma manera que aquéllos, habiendo *fornicado* e ido en pos de *vicios contra naturaleza*, fueron puestas por ejemplo, sufriendo el castigo del fuego eterno (Judas 7).

Pero tengo unas pocas cosas contra ti: que tienes ahí a los que retienen la doctrina de Balaam, que enseñaba a Balac a poner tropiezo ante los hijos de Israel … y a cometer *fornicación* [inmoralidad sexual] (Apocalipsis 2:14).

Pero tengo unas pocas cosas contra ti: que toleras que esa mujer Jezabel, que se dice profetisa, enseñe y seduzca a mis siervos a *fornicar* (Apocalipsis 2:20).

Pero los cobardes e incrédulos, los abominables y homicidas, los *fornicarios* [sexualmente inmorales] y hechiceros, los idólatras y todos los mentirosos tendrán su parte en el lago que arde con fuego y azufre, que es la muerte segunda (Apocalipsis 21:8).

¿Qué te parece? Aquí se encuentran representados más de la mitad de los libros del Nuevo Testamento.

De acuerdo con estos pasajes, vamos a resumir las normas que Dios estableció para la pureza sexual:

- La inmoralidad sexual comienza con las actitudes lascivas de nuestra naturaleza pecaminosa. Está arraigada en las tinieblas que llevamos en nuestro ser. Por lo tanto, al igual que otros pecados que esclavizan a los creyentes, la inmoralidad sexual atraerá la ira divina.
- Nuestros cuerpos no se crearon para la inmoralidad sexual, sino para el Señor, quien después de crearnos nos llamó a una vida de pureza sexual. Su voluntad es que todo creyente sea puro sexualmente: en sus pensamientos, en sus palabras y en sus acciones.
- Es por lo tanto, santo y honorable, evitar por completo la inmoralidad sexual, arrepentirnos de la misma, huir de ella y darle muerte en nuestras vidas al andar en el Espíritu. Hemos pasado demasiado tiempo viviendo como paganos en lascivias y concupiscencias.
- No debemos estar íntimamente asociados con otros creyentes que insistan en la inmoralidad sexual.
- Si convences a otros para que participen en la inmoralidad sexual (quizá en el asiento trasero de tu auto o en una habitación escondida), ¡el mismo Jesús tendrá algo en tu contra!

Está claro que Dios espera que vivamos de acuerdo con sus normas. De hecho, en 1 Tesalonicenses 4:3, la Biblia declara con énfasis que esta es la voluntad de Dios

Por lo tanto, considera seriamente su mandato: ¡Huye de la inmoralidad sexual!

capítulo 5

¿Obediencia o simple excelencia?

¿Por qué consideramos tan fácil mezclar nuestras normas de pecado sexual y tan difícil hacer un firme compromiso de verdadera pureza?

Porque estamos acostumbrados a eso. Toleramos con facilidad el mezclar las normas de pureza sexual, porque con la misma facilidad toleramos la mezcla de las normas en la mayoría de las demás esferas de la vida.

¿Excelencia u obediencia?

Pregunta: ¿Cuál es tu meta en la vida, la excelencia o la obediencia?

¿Cuál es la diferencia? Centrarnos en la obediencia es enfocarnos en la perfección y no en la «excelencia», que en efecto es algo menor.

«¡Espera un minuto!», dices. «Yo pensaba que la excelencia y la perfección eran la misma cosa».

A veces aparentan serlo, pero la simple excelencia deja espacio para alguna mezcla. En la mayoría de los campos, la excelencia no es una norma fija. Es una norma mezclada.

Permíteme mostrarte lo que quiero decir. Los negocios norteamericanos están en una búsqueda de la excelencia. Podrían muy bien estar buscando la perfección, desde luego, un producto perfecto, un servicio perfecto, pero la perfección es muy costosa y acaba con las ganancias. En vez de ser perfectos, los negocios saben que es suficiente darle a sus clientes la *apariencia* de perfección. Estos negocios encontraron un lucrativo equilibrio entre la calidad y los costos, al detenerse en el camino sin haber logrado la perfección.

Para encontrar este equilibrio a menudo se fijan en sus compañeros con el fin de descubrir «las mejores prácticas» de su industria: *¿Hasta dónde podemos alejar y todavía aparentar la perfección? ¿Cuán corto nos podemos quedar?* Los negocios consideran que es lucrativo quedarse corto a mediados del camino hacia la excelencia porque la perfección cuesta demasiado.

Pero, ¿será provechoso para el creyente detenerse a mitad del camino hacia la excelencia, donde los costos son bajos y permanecer equilibrados en algún punto entre el paganismo y la obediencia? ¡Por supuesto que no! Aunque en el mundo de los negocios *aparentar* la perfección es una práctica lucrativa, en el ámbito espiritual aparentar la perfección es una simple *comodidad*. Pero nunca es provechoso.

Sin duda, la excelencia no es lo mismo que la obediencia o la perfección. La búsqueda de la excelencia nos deja abrumadoramente vulnerables a una trampa tras otra, debido a que ella permite que haya espacio para la mezcla. No ocurre lo mismo con la búsqueda de la obediencia o la perfección.

La excelencia es una norma *mezclada*, mientras que la obediencia es una norma *fija*. Nuestra meta debe ser esforzarnos por la norma que es fija.

De Fred: Hacer las preguntas equivocadas

Yo era el ejemplo perfecto de alguien que no se esforzaba por alcanzar la norma fija de la obediencia divina. Era maestro en la iglesia, presidía actividades de grupos y asistía a las clases de discipulado. Mi asistencia a la iglesia era ejemplar, y mi vocabulario era cristiano. Al igual que el empresario que anda en busca de las mejores prácticas de negocio, me preguntaba: *¿Cuán lejos puedo llegar y todavía seguir llamándome cristiano?* La pregunta que tenía que preguntarme era: *¿Cuán santo puedo ser?*

Permíteme demostrarte, mediante un par de historias tomadas de mis clases prematrimoniales, la diferencia entre la excelencia y la obediencia. Al comenzar cada sesión de siete semanas, les pregunto a los estudiantes qué desean del matrimonio. En una de las clases, las seis parejas expresaron el deseo de edificar sus relaciones sobre el fundamento de los principios divinos. Entonces les hice esta pregunta: ¿Creen que es correcto modificar la verdad con tal de evitar disgustos en el hogar?

Todos respondieron que no y unánimemente estuvieron de acuerdo en que modificar la verdad era una mentira y que ninguno de ellos haría tal cosa en *su* hogar.

«¿De veras?», les pregunté. «Entonces ¿qué me dicen de esto? Brenda dio a luz cuatro hijos y con el paso de los años su peso pasó a través de cuatro tallas diferentes. [Siempre abundan las risas después de este comentario.] Durante la transición entre tallas, a menudo quiso vestir una pieza de menor talla para ir a la iglesia. Después de deslizarse con dificultad en el vestido me preguntaba: "¿Me queda demasiado apretado?" Ella quería saber si el vestido le quedaba bien o si llamaría la atención a su peso. Con frecuencia se me hacía difícil responderle y me veía obligado a escoger entre modificar la verdad o herir sus sentimientos y desanimarla.

»¿Creen que mi decisión de modificar la verdad con tal de evitar disgustos era lo correcto? Después de todo es algo tan insignificante, y yo amo a mi esposa. Si digo la verdad, hiero sus sentimientos y no me agrada herir sus sentimientos.

»¿Qué harían ustedes? ¿Modificarían la verdad?»

Fue asombroso, solo después de unos breves momentos de haber declarado que nunca modificarían la verdad en sus hogares, cinco de las seis parejas dijeron que *sí* modificarían la verdad con tal de evitar un disgusto como este.

Estas parejas pueden hablar el idioma cristiano, y ciertamente demuestran excelencia. Pero, ¿pueden *vivir* la verdad cristiana?

Con la excelencia tratamos de cubrir nuestras pisadas desobedientes. Peter y Mary asistieron a las clases prematrimoniales, y desde el primer día Peter me impresionó mucho. Aceptaba con entusiasmo todo lo que yo decía y movía afirmativamente la cabeza, incluso ante las enseñanzas más difíciles respecto a las responsabilidades del esposo (tales como ser un siervo).

Al final de la séptima semana, Peter y Mary quisieron hablar conmigo después de la clase. «Su clase de la semana pasada sobre la pureza sexual me impactó mucho», comenzó diciendo Peter, «especialmente cuando dijo que mirar revistas y películas pornográficas no fortalecerá la vida sexual. Mi primera esposa solía alquilar películas pornográficas para mí y juntos participábamos de ellas antes de acostarnos. Al final, nos hizo daño». Y entonces añadió: «Mary y yo no haremos tal cosa en nuestro matrimonio». Hasta entonces todo marchaba de maravilla.

Pero Mary, deseando expresar su sentir dijo: «Hemos tenido una lucha continua sobre lo que como pareja vemos juntos. A menudo alquilamos una película para verla juntos en mi departamento, pero ya sabe como es esto. La mayoría de las películas populares contienen escenas que son bastante picantes, y cada vez me siento más incómoda. Cuando hay una escena erótica, le digo a Peter que debemos apagar la película, pero él se enoja y argumenta que nos hemos gastado una buena cantidad de dinero para alquilarla y que apagarla equivale a perder el dinero. Entonces me marcho a la cocina y hago alguna tarea hasta que él termina de verla».

Una lágrima se deja ver en los ojos de ella y baja la vista. «No creo que estas películas son buenas para nosotros», dijo ella. «Le he pedido que deje de hacerlo por amor a mí, pero no lo hace. Por lo regular, oramos antes de que él regrese a su casa, pero después de ver esas películas, a menudo me siento sucia y barata. Siento que estas películas están interponiéndose entre nosotros».

Por supuesto, Peter se sentía avergonzado. ¿Estaba él en busca de la excelencia o de la obediencia? Por lo menos en esta área, se detuvo a la mitad del camino. Según las normas de sus compañeros, sabía que podía ver películas populares con situaciones sexuales picantes, y aún así «aparentar» que es cristiano. Eso era todo lo que necesitaba.

Debo acreditarle a Peter que me preguntó qué debía hacer. Le aconsejé que escuchara el consejo de Mary y dejara de estar mirando películas sensuales. Él prometió no volver a hacerlo.

Juntos a mitad del camino

No es común escuchar una voz como la de Mary retándonos a vivir una vida de obediencia y perfección. Si estamos satisfechos con solo la excelencia, no nos someteremos a las normas divinas. Nos acercamos cada vez más a nuestros compañeros, solo para distanciarnos de Dios.

Aunque estemos unidos a las congregaciones no llegamos a la meta trazada. Los programas espectaculares en nuestras iglesias nos hacen sentir bien, pero a menudo no nos presentan un verdadero reto.

Mi iglesia en la ciudad Des Moines tiene un excelente coro reconocido en la región por la calidad profesional de su sonido. La orquesta disfruta el complemento de músicos profesionales que son miembros de la orquesta sinfónica local. En cierta ocasión me encontraba hablando con una nueva vecina acerca de nuestra iglesia y ella me dijo: «Oh, sí, yo he visitado su iglesia. Verdaderamente me agrada. ¡Es como ir a un espectáculo!»

Mi iglesia tiene un excelente calendario de programas motivados por la tradición. Tenemos un servicio vespertino *Domingo del Super Bowl* [Domingo del campeonato del fútbol americano], en el cual promovemos la armonía entre las razas. Tenemos la *Noche para honrar a norteamérica* que se celebra el cuatro de julio, para honrar a nuestro gran país e invitamos famosos oradores como lo son Elizabeth Dole, Gary Bauer y Cal Thomas. Nuestra celebración anual «Noche Metro» honra a los obreros voluntarios y al personal de nuestra iglesia hija ubicada en el centro de la ciudad. Tenemos programas especiales de Navidad, de Semana Santa, la celebración de «El día del amigo», «De regreso a la escuela» y mucho más.

Sin duda alguna nos esforzamos por ser la «iglesia a la cual pertenecer» en Des Moines. Pero ¿cuál es el beneficio de esto? ¿Qué hemos obtenido de nuestra búsqueda de excelencia?

Hace poco programamos una semana de oración para toda la iglesia que se celebraría todas las noches al comenzar el nuevo año. Es cierto que nadie argumentaría el valor estratégico de la oración, ni pondría en duda el hecho de que, como creyentes, se nos ordenó ser fieles en la oración. Pero la obediencia en el asunto de la oración es costosa y requiere compromiso. El lunes por la noche, al comenzar nuestra semana de oración, apenas se presentaron treinta y cuatro adultos de un total de dos mil trescientos miembros. El jueves, solo había diecisiete adultos orando. Me sentí desilusionado por completo. Sin embargo, una semana más tarde, durante el Domingo de reconocimiento de los obreros, mil personas estuvieron presentes para recibir un reconocimiento de la iglesia por su servicio.

También organicé un grupo de intercesión los miércoles por la noche, en el que simplemente habilitábamos un salón para interceder por nuestra congregación durante noventa minutos. La primera noche se acercaron seis personas a la puerta y preguntaron: «¿Es aquí donde estarán enseñando sobre la intercesión?»

«No, no vamos a *enseñar* sobre la intercesión», les respondí. «Vamos a estar intercediendo». Todas estas personas dieron la espalda y se marcharon. Se siente muy bien aprender sobre la intercesión, pero hacerlo es un asunto costoso. Lo mismo podríamos decir respecto a la pureza.

¿Qué podemos esperar?

Son muchas las esferas en las que a menudo nos encontramos sentados juntos a mitad del camino de la excelencia, a una buena distancia de Dios. Cuando sus elevadas normas nos desafían, nos consuela pensar que no parecemos ser tan diferentes a los que nos rodean. El problema es que tampoco parecemos diferenciarnos mucho de los no cristianos.

A menudo, nuestros adolescentes cristianos son indistinguibles de sus compañeros no cristianos, participan de las mismas actividades, música, chistes y actitudes sobre la relación sexual prematrimonial. Kristin, una joven adolescente, nos dijo: «Nuestro grupo de jóvenes está repleto de muchachos que fingen su andar como cristianos. Lo cierto es que consumen drogas, beben, participan de fiestas mundanas y tienen relaciones sexuales. Si uno desea caminar en pureza, es más fácil andar con los que no son cristianos en la escuela que andar con los «cristianos» en la iglesia. Digo esto porque mis compañeros de escuela conocen cuáles son mis convicciones y me dicen: "Fantástico, puedo aceptar eso". Los chicos cristianos se burlan de mí riéndose y preguntándome: "¿Por qué tienes que ser tan perfecta? ¡Comienza a vivir!" No pierden una sola oportunidad para presionarme en cuanto a mis valores». Esta joven nos habló de Brad, el hijo de un líder laico, que le dijo: «Yo sé que el coito no es bueno antes del matrimonio, pero todo menos eso está bien. Me encanta meterme debajo de un sostén».

Es triste decirlo, pero los adultos no son diferentes a los adolescentes cristianos. Linda, una profesional soltera, dice que en el grupo de solteros de su iglesia hay «jugadores», hombres y mujeres que acechan a sus víctimas con el fin de satisfacer sus necesidades.

Las parejas cristianas también se quedan cortas. (*De Steve:* Mi programa radial diario está lleno de llamadas de cristianos preguntando cómo pueden recuperarse de las relaciones adúlteras o cómo pueden lidiar con una separación matrimonial.)

¿Acaso nos hemos vuelto ciegos? ¿Qué podemos esperar de este compromiso general para estar a medias? ¿Acaso no reconocemos que los nuevos convertidos al cristianismo se convertirán en gente igual a nosotros? ¿Será un consuelo verlos tan holgazanes, como somos nosotros, en cuanto a su devoción personal con Jesús?

¿Y no nos percatamos de lo mucho que estas deficientes normas nos están costando en cuanto a nuestro testimonio ante el mundo? En *Revival Praying* [Oración por un avivamiento], el autor Leonard Ravenhill escribe:

> Los días actuales son similares a un estadio cuyas gradas están llenas de militantes impíos, los brillantes y agresivos escépticos, además de los millones de paganos sin expresión alguna en sus rostros, observando el vacío cuadrilátero para ver qué puede hacer la Iglesia del Dios vivo. ¡Cuánta indignación siento al respecto! ¿Qué *estamos* haciendo los cristianos? Para usar una trillada frase: ¿solo estamos «jugando a la iglesia»?

La respuesta correcta

El rey Josías de Israel solamente tenía veintiséis años de edad cuando enfrentó una situación similar al descuidar las normas que Dios estableció. En 2 Crónicas 34 leemos cómo se halló una copia de la ley de Dios, olvidada durante mucho tiempo, en una extensa renovación del templo. Mientras a Josías le leían la ley en voz alta, él escuchó las normas de Dios en forma ineludible, y reconoció el fracaso del pueblo que no logró vivir de acuerdo con las mismas.

Josías no dijo: «Dejémonos de esas cosas, por favor. Hemos vivido de esta manera durante mucho tiempo. ¡No hay por qué ser legalista al respecto!» Claro que no. Josías se horrorizó. Rasgó sus vestidos como señal de pena y desespero. «Grande es la ira del Señor», dijo él, e inmediatamente reconoció la negligencia de su pueblo y procedió a buscar la dirección de Dios. Enseguida Dios contestó a la reacción de Josías con estas palabras:

> Y tu corazón se conmovió, y te humillaste delante de Dios al oír sus palabras sobre este lugar y sobre sus moradores, y te humillaste delante de mí, y rasgaste

> tus vestidos y lloraste en mi presencia, yo también te he oído, dice Jehová (34:27).

En este punto, fíjate cómo de inmediato Josías lleva a toda la nación a la completa obediencia de las normas que Dios estableció:

> Entonces el rey envió y reunió a todos los ancianos de Judá y de Jerusalén.
>
> Y subió el rey a la casa de Jehová, y con él todos los varones de Judá, y los moradores de Jerusalén, los sacerdotes, los levitas y todo el pueblo, desde el mayor hasta el más pequeño; y leyó a oídos de ellos todas las palabras del libro del pacto que había sido hallado en la casa de Jehová.
>
> Y estando el rey en pie en su sitio, hizo delante de Jehová pacto de caminar en pos de Jehová y de guardar sus mandamientos, sus testimonios y sus estatutos, con todo su corazón y con toda su alma, poniendo por obra las palabras del pacto que estaban escritas en aquel libro.
>
> E hizo que se obligaran a ello todos los que estaban en Jerusalén y en Benjamín; y los moradores de Jerusalén hicieron conforme al pacto de Dios, del Dios de sus padres.
>
> Y quitó Josías todas las abominaciones de toda la tierra de los hijos de Israel, e hizo que todos los que se hallaban en Israel sirviesen a Jehová su Dios. No se apartaron de en pos de Jehová el Dios de sus padres, todo el tiempo que él vivió (2 Crónicas 34:29-33).

Allí no hubo mezcla alguna. Al reconocer que las normas que Dios estableció son las de la verdadera vida, Josías se levantó y derrumbó *todo* lo que estaba en oposición a Dios.

Consideración del precio

¿Y tú qué? Ahora que escuchaste las normas que Dios estableció para la pureza sexual, ¿estás dispuesto, en el espíritu de Josías, a establecer un pacto de obediencia a dichas normas con todo tu corazón y tu alma? ¿Derrumbarás también todo lo sexual que esté en oposición a Dios?

¿Reconoces que has estado viviendo bajos las normas mezcladas de la mera excelencia? Te quedas corto pero todavía aparentas ser cristiano.

¿O tu meta ha sido la obediencia y la perfección, que son a lo que en realidad te llamaron?

¿Cómo lo sabrás? Por el precio que estés dispuesto a pagar. ¿Qué te está costando tu vida cristiana?

Aprender sobre Cristo cuesta *algo*. Vivir como Cristo, cuesta mucho.

- Cuesta algo unirte a varios miles de hombres en una conferencia para cantar alabanzas a Dios y luego aprender cómo debemos vivir; cuesta mucho llegar a casa y permanecer fielmente comprometido a los cambios que dices haber hecho en tu vida.
- Cuesta algo evitar la revista *Playboy*; cuesta mucho controlar a diario tus ojos y tu mente.
- Cuesta algo enviar a tu hijo a una escuela cristiana para que otros les enseñen sobre Dios; cuesta mucho celebrar regularmente las devociones familiares, en las que papá dirige coros en adoración y un tiempo de sincera oración.
- Cuesta algo insistir en que tus hijos se vistan modestamente; cuesta mucho enseñarles a *pensar* de forma modesta y apropiada.

Entonces, ¿dónde estás ubicado? ¿Te sientes cómodo? ¿Hay en tu comportamiento una amplia tolerancia hacia el pecado? ¿Te han llevado tus intentos por acercarte a Dios a un alto nivel de mezcla en tu vida?

De ser así, es posible que tengas una mezcla en tus normas sexuales y probablemente tienes por *lo menos un indicio* de impureza sexual en tu vida. No pagarás el precio de la verdadera obediencia, como es evitar la sensualidad que se halla en muchas películas de Hollywood. Como evitar pensar en antiguas novias y en la mujer coqueta del trabajo. Como entrenar tus ojos para apartar la vista de los diminutos biquinis, del suéter a punto de explotar, de los pantalones elásticos y de las mujeres que los usan.

Dios es tu Padre y espera que lo obedezcas. Luego de otorgarte el Espíritu Santo como tu fuente de poder, Él cree que sus mandamientos deben ser suficientes para ti, de la misma manera que tú crees que tus órdenes deben ser suficientes para tus hijos.

El problema es que no andamos en busca de tal obediencia. Andamos en busca de la simple excelencia y Su mandamiento *no* es suficiente. Rechazamos el asunto y respondemos: «*¿Por qué* debo eliminar todo indicio? ¡Eso es demasiado difícil!»

Tenemos incontables iglesias que están llenas de innumerables hombres cargados de pecado sexual, debilitados por una baja fiebre sexual, hombres que se sienten lo suficientemente felices para asistir a *Cumplidores de Promesas*, pero que están demasiado enfermos para *ser* cumplidores de promesas.

Una batalla espiritual por la pureza se libra de continuo en cada alma y corazón. Los precios son verdaderos. Obedecer es difícil, requiere humildad y mansedumbre, ingredientes que ciertamente son muy raros.

Alguien nos habló de James, un respetado adolescente y miembro de un grupo de jóvenes, que al presionarlo con el tema rehusó prometer que permanecería sexualmente puro. «En el mundo hay demasiadas situaciones imprevistas y, por lo tanto, no puedo hacer tal promesa», dijo él. James se quedó corto. ¿Y tú?

De Fred: ¿Quién eres realmente?

La impureza sexual se ha convertido en una situación difundida por la iglesia porque como individuos, hemos pasado por alto la tarea costosa de la obediencia a las normas divinas y demasiadas veces nos hacemos la pregunta: «¿Hasta dónde puedo llegar sin dejar de llamarme cristiano?» Nos hemos forjado cierta imagen, y hasta podríamos *vernos* sexualmente puros, mientras que le permitimos a nuestros ojos jugar con libertad cuando no hay nadie presente, evadiendo el costoso trabajo de *ser* sexualmente puros.

Desde mis días universitarios, el ejemplo de un hombre me sigue sirviendo como una seria advertencia. Durante mi primer año en la universidad Stanford, comencé a sentir nostalgia por estar lejos de mi hogar. Un compañero de dormitorio que vivía cerca de la universidad sintió pena por mí y me invitó a cenar en la casa de sus padres. Eran personas extremadamente ricas y su residencia era estupenda. ¡Fue una velada maravillosa! No solo comí alcachofas por primera vez (lo cual me fascina hasta el día de hoy), sino que su mamá resultó ser una excelente anfitriona, y supe que el padre —un prominente hombre de negocios en la comunidad— ocupaba una importante posición en su iglesia, y creía en la importancia del tiempo dedicado a estar con la familia.

Varias semanas después me encontraba sentado en una barbería, cuando el papá de mi amigo entró al establecimiento. Yo era un muchacho tímido y permanecí callado, como tenía el pelo mojado y una toalla colgaba de mi cuello, él no me reconoció. Se sentó a esperar su turno y comenzó a hojear una revista *Playboy*. ¡Me quedé anonadado! Lo observé para ver si «simplemente estaba leyendo los artículos», pero inmediatamente abrió la página central de la revista donde aparece una foto de una mujer desnuda, y viró la revista de lado con tal de apreciar la modelo en toda su gloriosa desnudez.

¿Eres tú así? ¿Existe un lado oscuro y secreto en tu imagen cristiana?

Si eres un adolescente, ¿participas en los viajes misioneros durante el verano aunque sigues acariciando los senos de las chicas en el asiento trasero de un auto?

Si eres un esposo, ¿enseñas en la Escuela Dominical y eres activo en el grupo de caballeros, pero día y noche tienes fantasías con mujeres desnudas?

¿Quién eres realmente?

La búsqueda de la mera excelencia es una forma inadecuada de acercarse a Dios, lo cual nos deja vulnerables a una trampa tras otra. Nuestra única esperanza es la obediencia.

Si no eliminamos de la vida cada indicio de inmoralidad, nos capturarán nuestras tendencias masculinas de alcanzar la gratificación sexual y los estados químicos elevados a través de los ojos. (Esto lo discutiremos detalladamente en el siguiente capítulo.) Pero no podemos lidiar con nuestra masculinidad hasta que primero no rechacemos el derecho a mezclar las normas. Y al preguntar: «¿Cuán santo debo ser?» debemos orar y comprometernos a una nueva relación con Dios que esté completamente de acuerdo con su llamado a la obediencia.

capítulo 6

Solo por ser varón

Aparte de quedarnos cortos en el cumplimiento de las normas divinas, encontramos que hay otra razón para que prevalezca el pecado sexual entre los hombres. Llegamos hasta allí de forma muy natural, solo por ser hombres.

De Fred: Nuestra masculinidad

Antes de saber que Brenda, mi esposa, estaba encinta de nuestro cuarto hijo, me convencí mediante la oración de que nuestro futuro hijo sería varón, nuestro segundo varón. Estaba tan convencido de esto que durante el embarazo se lo comenté a Brenda y a varios amigos íntimos.

Al acercarse el día del parto, aumentó la presión. «¿Por qué se lo dije a todos?» Me quejé. «¿Y qué si es una niña? ¿Y qué si me equivoqué?»

Cuando Brenda comenzó a sentir los dolores de parto sentí una presión que parecía duplicarse con cada minuto que pasaba. Por último, de pie debajo de las brillantes luces en la sala de parto y observando la pequeña cabecita que ya estaba saliendo, supe que había llegado el momento de la verdad.

El bebé comenzó a salir boca arriba. *Bien*, pensé. *Tendré un panorama perfecto.* Lleno de ansias animé amorosamente a Brenda: «*Vamos, querida. Puja un poquito más*».

Se dejaron ver los hombros. *Solo unas pocas pulgadas más,* pensé. ¿Y entonces? *¡Aahh! ¿Qué está haciendo, doctor?* En el último instante el médico volteó el bebé hacia él precisamente cuando salieron las caderas y las piernas. Y ahora solo veía la espalda del bebé. *Vamos, vamos,* grité dentro de mí.

Era increíble, pero ni el médico ni la enfermera dijeron una sola palabra. De forma metódica y eficiente limpiaron al bebé, succionaron su garganta y colocaron un pequeño gorro sobre la cabeza del recién nacido. Cuando por fin el médico me presentó a mi nuevo bebé, tenía las piernas completamente abiertas. De inmediato miré, porque tenía que saber.

«¡Es un varón!», exclamé.

Ahora Michael tiene ocho años de edad y Jasen, su hermano mayor, tiene dieciséis y puedo decirles con toda certeza que ambos son varones. A medida que los crío, soy consciente de las tendencias naturales que son inherentes a la masculinidad y que afectarán cada aspecto de la pureza sexual, tal y como sucede en mi vida.

Nuestra masculinidad, y particularmente cuatro tendencias varoniles, representan la tercera razón para la omnipresencia de la impureza sexual entre los hombres.

Los hombres son rebeldes por naturaleza

Cuando Pablo le explicó a Timoteo que «Adán no fue engañado, sino que la mujer, siendo engañada, incurrió en transgresión» (1 Timoteo 2:14), estaba haciendo notar que Adán no fue engañado cuando comió de la fruta prohibida en el Jardín del Edén. Adán *sabía* que estaba mal, pero de todas formas se la comió. Desde entonces, todos los hijos de Adán tienden a ser igualmente rebeldes.

En el libro *Sexual Suicide* [Suicidio sexual], el autor George Gilder informó que los hombres cometen más del noventa por ciento de los crímenes más violentos, cien por ciento de las violaciones y noventa y cinco por ciento de los hurtos. Los hombres componen el noventa y cuatro por ciento de los conductores borrachos, setenta por ciento de los suicidios y noventa y uno por ciento de las ofensas en contra de la familia y de los niños. Muy a menudo, los principales responsables son hombres solteros.

Nuestra masculinidad trae consigo una rebelión natural de forma únicamente varonil. Esta tendencia natural nos otorga la arrogancia necesaria para quedarnos cortos en cuanto al cumplimiento de las normas que Dios estableció. Como hombres, a menudo escogemos el pecado, simplemente porque nos agrada nuestro modo de ser.

Los varones encuentran que la vida «recta» es aburrida

En su libro *Hablemos con franqueza a los hombres y sus esposas,* el doctor James Dobson resumió bien la vida recta:

> La vida recta para el hombre trabajador… es levantar su cansado cuerpo de la cama, cinco días a la semana, cincuenta semanas al año. Es ganarse dos semanas de vacaciones en agosto y escoger un viaje que sea del agrado de los hijos. La vida recta es gastar tu dinero sabiamente cuando lo que preferirías hacer es darte cualquier gustazo; es llevar a tus hijos a montar bicicleta el sábado, cuando lo que más anhelas es ver el juego de pelota; es limpiar el garaje de tu casa durante el único día libre después de haber trabajado sesenta horas la semana anterior. La vida recta es lidiar con los catarros en la cabeza, las reparaciones del auto, la hierba mala y las planillas de impuestos; es llevar a tu familia a la iglesia el domingo luego de haber escuchado todas las ideas que el ministro puede ofrecer; es darle una porción de tus ingresos a la obra de Dios cuando dudas si podrás pagar las cuentas.

Luego de todo esto, la mayoría de los hombres respondería: «¡Sáquenme de aquí!»

Aunque nuestra rebeldía natural provee la *arrogancia* necesaria para quedarnos a la mitad del camino en cuanto a las normas que Dios estableció, nuestro disgusto natural por la vida recta nos brinda el *deseo* para detenernos a la mitad del camino y por el contrario experimentar los placeres temporales del pecado. Nuestras normas mezcladas nos ofrecen un alivio de las responsabilidades que nos aburren.

Los varones poseen un fuerte y regular libido

El humano varón, por causa de la producción de esperma y otros factores, naturalmente desea un alivio sexual casi cada cuarenta y ocho a setenta y dos horas. (Después de escuchar esto una joven esposa exclamó: «¡Ay, qué cruz tiene que llevar!») Muchas mujeres, que especialmente al principio del matrimonio con rareza pueden igualar el nivel de deseo sexual, se asombran al ver la regularidad con que sus esposos desean hacer el amor. Pero es que así somos. Si eres afortunado, tu esposa ha desarrollado un nivel similar de deseo sexual motivado por su amor hacia ti (¡o por piedad!).

El doctor Dobson cuenta la historia de una joven pareja que decidió emprender un viaje de placer y practicar el esquí acuático. El esposo, un neófito de ese deporte, se pasó toda la tarde dando tumbos a lo largo de la bahía mientras luchaba por mantenerse de pie. Con entusiasmo lo intentaba una y otra vez, pero pasó más tiempo *dentro* del agua que encima de ella.

El esfuerzo, evidentemente dejó exhausto a nuestro héroe achicharrado por el sol. Mientras tanto, su esposa se volteó hacia una amiga y le dijo: «¿Me creerías si te dijera que después de todo esto cuando lleguemos a la casa va a querer hacer eso hoy por la noche?»

¿Cómo es que este ciclo de setenta y dos horas impacta la pureza sexual de los ojos y la mente? Examínate durante las próximas dos semanas. Tienes relaciones sexuales el domingo por la noche. El lunes por la mañana vas manejando al trabajo y, sin darle mucha importancia te percatas de una nueva cartelera con una chica sensual. Pero en tu viaje matutino, después de pasar tres días sin tener relaciones sexuales, ver la misma chica de la cartelera te enciende el «motor» y recorres varias millas sin dejar de pensar en ella. A lo largo del día, la chica del cartel ocupa tus pensamientos durante las aburridas reuniones de negocio.

«Si voy a estar fuera toda una semana en un viaje de negocios», nos dijo Rob, «por lo general, Sue y yo tenemos relaciones sexuales el domingo por la noche. Ella es de gran ayuda para mí en este aspecto, y necesito esa ayuda. El lunes por la noche mientras estoy de viaje voy a cenar, trabajo un poco, veo las noticias en CNN y me acuesto a dormir. Es posible que piense en la relación sexual, pero no es motivo de preocupación. Sin embargo, el miércoles por la noche no soy el mismo hombre. ¡Prácticamente me siento poseído! Las tentaciones son terribles y cada noche parecen aumentar su intensidad».

Las tentaciones pueden o no intensificarse, pero tu sensibilidad a las mismas sí aumentan. Al tercer día del ciclo estas tentaciones parecen ser cavernosas.

Tu cuerpo no es confiable para *ninguna* batalla espiritual y mucho menos la batalla de la pureza sexual y la obediencia. Fácilmente podemos identificarnos con Pablo:

> Así que, queriendo yo hacer el bien, hallo esta ley: que el mal está en mí. Porque según el hombre interior me deleito en la ley de Dios; pero veo otra ley en mis miembros, que se rebela contra la ley de mi mente, y que me lleva cautivo a la ley del pecado que está en mis miembros. ¡Miserable de mí! ¿quién me librara de este cuerpo de muerte? (Romanos 7:21-24).

A menudo tu cuerpo se rebela y libra una batalla en tu contra. Esta tendencia traicionera ejerce presión sobre nuestro libido para que pasemos por alto las normas divinas. Cuando este impulso sexual se combina con nuestra arrogancia masculina natural y con nuestro deseo masculino natural de alejarnos de la vida recta, el cautiverio sexual nos ceba y abastece.

Mientras tanto, el medio de ignición brota de la cuarta de nuestras tendencias masculinas naturales, y la más letal.

Los varones reciben gratificación sexual a través de los ojos

Nuestros ojos les ofrecen a los hombres el medio para pecar extensamente y por voluntad propia. No necesitamos ni una cita ni una amante. Jamás tenemos que esperar. Tenemos nuestros ojos y a través de ellos obtenemos gratificación sexual en cualquier momento. La desnudez femenina nos excita en cualquier manera, forma o medio que se nos presente.

No discriminamos. Puede venir con la misma facilidad en una foto desnuda de una mujer desconocida que en un romántico interludio con una esposa. Cuando de admirar la anatomía femenina se trata, poseemos una llave de ignición visual.

Las mujeres casi nunca entienden esto porque no se estimulan sexualmente de la misma manera. Su sistema de ignición está vinculado al toque y a la relación. Ellas perciben este aspecto visual de nuestra sexualidad como superficial, sucio y hasta detestable. Con frecuencia, cualquier esfuerzo de los esposos por darle un giro positivo a este factor «visual» sugiriéndoles a sus esposas que lo usen como una ventaja en la habitación, choca con una pared de desprecio. Lisa, por ejemplo, dijo: «¡Entonces se supone que ahora tenga que comprar uno de esos atuendos "baratos", y ponerme a bailar en medio de la habitación como si fuera una mujercilla de un club nocturno!»

En tu batalla por la pureza sexual, la gratificación sexual no es un asunto que deba tomarse a la ligera. Si consideramos lo que una escena desnuda hace con los centros de placer de nuestro cerebro, y en estos días es bastante fácil ver muchas mujeres desnudas o semidesnudas, con razón nuestros ojos y nuestra mente resisten el control.

Preámbulo sexual visual

Vamos a expresar esta cuarta tendencia natural en palabras diferentes, para que no dejes de captar su verdadero sentido: *Para los hombres la impureza de los ojos es un preámbulo sexual.*

Tal y como lo escuchas. Es igual a pasar la mano por la parte interior de un muslo o acariciar un seno. Porque el preámbulo es cualquier acción sexual que de forma natural nos lleva por el camino hacia el coito. El preámbulo sexual enciende las pasiones impulsándonos de un nivel a otro hasta consumar el acto.

Dios no aprueba el preámbulo sexual fuera del matrimonio. En Ezequiel 23:3 vemos un destello de esto: Dios, para mostrar la rebeldía y apostasía de su pueblo escogido, usa el cuadro de vírgenes participando en el pecado apasionado: *Allí fueron apretados sus pechos, allí fueron estrujados sus pechos virginales.* (Si alguna vez argumentaste que en la Biblia Dios no toca el tema de las «caricias sexuales», deja que Ezequiel 23:3 corrija tu manera de pensar.) De la misma manera es instructivo el énfasis general de la enseñanza del Nuevo Testamento sobre la pureza sexual (vuelve a estudiar los pasajes que aparecen al final del capítulo 4) y la aplicación tanto de sus normas mentales como físicas. Desde la perspectiva divina, la relación sexual es mucho más que el acto de poseer sexualmente a una mujer.

¿Qué actos constituyen el preámbulo sexual? Lógico, «estrujar los pechos» es parte del preámbulo sexual. ¿Por qué? Porque de seguro le seguirá el coito. Si no es con ella esta noche, entonces, por lo menos, con la masturbación más tarde en tu hogar. Si no es con ella esta noche, entonces tal vez sea mañana por la noche cuando su voluntad se haya debilitado.

La masturbación mientras tienes fantasías con otra mujer aparte de tu esposa o tener «fantasías acerca del coito» mientras duermes, es lo mismo que hacerlo. ¿Recuerdas la norma que Jesús estableció? *Oísteis que fue dicho: No cometerás adulterio. Pero yo os digo que cualquiera que mira a una mujer para codiciarla, ya adulteró con ella en su corazón* (Mateo 5:27-28).

¿Qué más es un preámbulo sexual? Las caricias mutuas de las partes privadas. Hasta acariciar la parte superior del muslo puede ser parte del preámbulo sexual. (¡Quizá los jóvenes no lo vean de esta manera, pero los padres sí! Si vieras a un joven tocando el muslo de tu hija, te aseguro que no guiñarías el ojo y seguirías de largo.) Cuando una chica descansa su cabeza sobre el muslo de un adolescente, eso es un preámbulo sexual. Quizá es una forma liviana del mismo, pero tal acción encenderá su motor a un nivel demasiado elevado para los motores jóvenes. Bailar despacito podría ser parte del preámbulo sexual, si ciertas partes del cuerpo entran en contacto íntimo.

Esto no quiere decir que las parejas jóvenes no puedan relacionarse físicamente en maneras que no son parte de un preámbulo sexual, como tomarse de las manos, andar juntos tomados de brazos o un corto beso. Pero los besos apasionados alrededor del cuello y el pecho, naturalmente llevan a despojarse de las ropas, lo cual lleva a la mutua masturbación, y al coito.

Promesas quebrantadas

Si eres casado, tal vez te estés preguntando: ¿Qué tiene todo esto que ver conmigo? Mi preámbulo sexual ocurre solamente con mi esposa.

¿Estás seguro? La impureza de los ojos ofrece gratificación sexual categórica. ¿No es *eso* un preámbulo sexual? Cuando en una película ves una escena apasionada, ¿brinca algo debajo de tu cinturón? ¿Y qué estás pensando si estás en la playa y de pronto conoces a una hermosura de mujer vestida con un diminuto biquini? Sofocado, luchas por respirar, mientras que la Misión Control dice en tono monótono: «¡Estamos encendidos!» Al instante la llevas a la cama, aunque solo sea en tu mente. O archivas la imagen para más tarde disfrutar con ella tu fantasía.

Te fijas en una sensual modelo y la codicias; te fijas en ella con más detenimiento y codicias un poco más. Tu motor se acelera hasta llegar a la zona roja y necesitas algún tipo de alivio o el motor va a explotar.

No queda la más mínima duda: para los hombres la gratificación visual es una forma de relación sexual. Como hombres, a través de nuestros ojos obtenemos gratificación sexual y elevados niveles químicos.

Alex recuerda la ocasión en que estaba viendo un programa de televisión junto a su cuñada. El resto de la familia andaba por las tiendas. «Ella estaba acostada sobre su estómago en el piso frente a mí, vistiendo pantalones cortos apretados y se había quedado dormida mientras miraba el programa. Yo estaba sentado en una silla, bajé la vista por un instante y me fijé en la parte superior de su muslo y un diminuto vestigio de su ropa interior. Traté de pasarlo por alto, pero mi corazón comenzó a acelerarse un poco y mis ojos no dejaban de mirar la parte superior de su muslo. Me excité a tal grado que comencé a mirar con mayor detenimiento y a codiciarla. De alguna manera tenía que aliviar tales sentimientos. Me masturbé allí mismo donde estaba sentado, mientras ella dormía».

En el caso de Alex, la impureza de los ojos era claramente un preámbulo sexual que lo llevó a un pecado adicional. Es crítico reconocer la impureza sexual visual como parte de un preámbulo sexual. Si contemplar las cosas sensuales simplemente nos ofrece un aleteo de apreciación por la belleza de una mujer, en nada sería esto diferente a contemplar el asombroso poder de una tormenta de rayos que se desplaza a través de los campos de maíz de Iowa. No hay pecado. No hay problema.

Pero si *es* preámbulo sexual y si estás recibiendo gratificación sexual, entonces profanas el lecho matrimonial:

> Honroso sea en todos el matrimonio, y el lecho sin mancilla; pero a los fornicarios y a los adúlteros los juzgará Dios (Hebreos 13:4).

Y es seguro que también estás pagando precios que tal vez ni estés viendo:

> No os engañéis; Dios no puede ser burlado: pues todo lo que hombre sembrare, eso también segará. Porque

> el que siembra para su carne, de la carne segará corrupción; mas el que siembra para el Espíritu, del Espíritu segará vida eterna (Gálatas 6:7-8).

Además, al igual que Alex, estás quebrantando promesas. Le prometiste a tu esposa que ella sería tu único vehículo de satisfacción sexual sobre la faz de la tierra. También Alex lo prometió, pero durante ese episodio frente al televisor rompió dicha promesa. Él no fue fiel a su único y fiel amor.

Considera la siguiente historia que nos llega de Ed Cole, un pastor que predica a nivel nacional: Al mediodía, para concluir una reunión de oración que estaba dirigiendo para el personal de un gran ministerio, una joven lo llamó aparte para pedirle oración.

—Tengo un problema —le dijo ella con cierta timidez.

—¿Cuál es tu problema? —preguntó él.

El rostro de ella se puso tenso y sus ojos se inundaron de lágrimas.

—En realidad no lo sé —dijo ella con voz entrecortada y mordiéndose los labios—, pero mi esposo dice que tengo un problema.

Ed lo intentó nuevamente.

—Según tu esposo, ¿cuál es tu problema?

—Él dice que no lo comprendo —dijo ella por fin mientras agonizaba por emitir cada palabra.

—¿Qué es lo que no comprendes? —le preguntó Ed.

De repente la joven mujer comenzó a llorar amargamente, desde lo más profundo de su ser.

—Mi esposo guarda revistas al lado de nuestra cama —dijo jadeando entre sollozos—. *Playboy, Penthouse* y otras revistas similares. Dice que necesita mirarlas antes de tener relaciones conmigo. Dice que las necesita para estimularse.

A duras penas dejó escapar la oración mientras las lágrimas le rodaban por sus mejillas.

—Le dije que realmente no necesita esas revistas, pero me dice que no lo comprendo. Él dice que si de verdad lo amara, entendería por qué necesita las revistas y le permitiría comprar más.

Más tarde, cuando Ed le preguntó a qué se dedicaba el esposo, ella respondió:

—Es pastor de jóvenes.

Ninguna esposa debe verse obligada a compartir la intimidad de su cama matrimonial con ninguna desvergonzada modelo pornográfica. En este caso, el esposo no solamente le estaba pidiendo a su esposa que *aceptara* su pecado, sino que también lo *ayudara* en su pecado permitiéndole comprar más revistas. Entonces justifica su conducta culpándola. ¡Qué absurdo! Tampoco este hombre era sincero a su único y fiel amor.

Masculinidad y hombría

Si naturalmente caemos en el pecado sexual —solo por ser hombres— entonces, ¿cómo escapar? No podemos eliminar nuestra masculinidad y estamos seguros de no querer hacerlo.

Por ejemplo, *queremos* mirar a nuestras esposas y desearlas. Para nosotros son hermosas y nos sentimos sexualmente gratificados cuando nos fijamos en ellas, y a menudo soñamos despiertos sobre la noche que se avecina y lo que traerá al acostarnos. En su contexto adecuado, la masculinidad es maravillosa.

Sin embargo, la masculinidad es una raíz principal en nuestro pecado sexual. ¿Entonces qué podemos hacer?

Debemos escoger ser *más* que varones. Debemos escoger la *hombría.*

Cuando nuestros padres nos exhortaban a «comportarnos como hombres», nos estaban animando a elevar las normas de la hombría que ya conocían. Deseaban que actuásemos de acuerdo con nuestro potencial; que nos elevásemos muy por encima de nuestras tendencias naturales de buscar la salida más fácil. Cuando nuestros padres decían: «Compórtate como un hombre», nos estaban pidiendo que fuésemos como ellos.

Igualmente nuestro Padre celestial nos exhorta a ser hombres. Desea que seamos como es Él. Cuando nos exhorta a ser: «perfectos, como vuestro Padre que está en los cielos es perfecto», nos está pidiendo que nos elevemos muy por encima de nuestras tendencias naturales: los ojos impuros, las mentes caprichosas e imaginarias y el corazón que divaga. Su norma para la pureza no es algo que ocurre naturalmente en nuestra vida. Él nos llama a elevarnos por el poder de su presencia que mora en nosotros y que llevemos a cabo la obra.

Antes de una importante batalla para el ejército que dirigía, Joab les dijo a las tropas de Israel: «Esfuérzate, y mostrémonos valientes por amor a nuestro pueblo» (2 Samuel 10:12, LBLA). En otras palabras, estaba diciendo: ¡Conocemos cuál es el plan que Dios tiene para nosotros! ¡Vamos a levantarnos como hombres que somos y dispongamos nuestros corazones y mentes para cumplir con nuestro cometido!

En cuanto a la integridad sexual se refiere, Dios quiere que *te levantes* y que cumplas con tu cometido.

capítulo 7

Escoge la verdadera hombría

Te enfrentas a una importante batalla. Decidiste que la esclavitud del pecado sexual no vale el amor que sientes por el pecado sexual. Tomaste la firme decisión de eliminar todo indicio de pecado sexual. Pero, ¿cómo? Tu masculinidad se vislumbra como tu peor enemigo.

Te metiste en este lío por ser varón; y saldrás de él comportándote como un hombre.

De Fred: Las manos y los ojos de Jesús

¿Qué significado tendrá la verdadera hombría, por ejemplo, en cómo lidiamos con nuestros ojos? ¿Cuáles son los asuntos que se deben considerar?

En un boletín informativo, el autor y orador doctor Gary Rosberg cuenta haber visto un par de manos que le recordaron las manos de su padre, quien había partido para estar con el Señor. Gary continuó su reminiscencia acerca de lo que significaban para él las manos de su padre. Entonces dirigió sus pensamientos hacia las manos de Jesús y lo hizo señalando esta sencilla verdad: «Eran manos que nunca tocaron con deshonra a una mujer».

Al leer esto sentí que mi alma se rasgaba de tristeza. ¡Cuánto hubiera deseado poder decir lo mismo de mis manos! Con mis manos degradé a las mujeres y me arrepiento de este pecado.

A medida que seguí meditando en este asunto reconocí que desde mi primer año de salvación no *he tocado* a una sola mujer de forma deshonrosa. ¡Y qué gozo me da contemplarlo!

Medité un poco más sobre las palabras de Gary. Las manos de Jesús nunca tocaron de forma deshonrosa a una mujer, pero Jesús dijo que codiciar a una mujer con los ojos es lo mismo que tocarla. Y dado el hecho que Jesús es libre de pecado, reconocí que no solamente nunca llegó a tocar a una mujer con deshonra, sino que nunca *miró* a una mujer de manera deshonrosa. ¿Podría yo decir lo mismo?

No podía. Aunque salvo y libre para andar en pureza, *con todo* había escogido mirar a las mujeres de manera deshonrosa.

Pero no seas tan duro contigo mismo, podría alguien decir. *Para un hombre, mirar es natural. Es parte de nuestra naturaleza.* Pero lo que estás haciendo es *robar.* La vida de pensamientos impuros es la vida de un ladrón. Estás robando imágenes que no te pertenecen. Cuando tenías relaciones sexuales prematrimoniales tocabas a alguien que no te pertenecía. Cuando miras dentro de la blusa de una mujer que no es tu esposa, estás robando algo que no es tuyo. Es lo mismo que ir caminando por la Calle Principal detrás de alguien a quien se le cae del bolsillo un billete de cien dolares, y tú lo recoges. Ese dinero no es tuyo, *aunque el individuo no se percató de haberlo perdido.* Si decides quedarte con el dinero en vez de decir: «Con su permiso, señor», entonces te apropiaste de algo que no te pertenece.

De manera similar, si la blusa de una mujer se abre, no puedes decir: «Bueno, está frente a mi vista, así que es para mí». No, tienes que cambiar la vista. De lo contrario eres un ladrón. Necesitas dejar esa valiosa creación en las manos de Dios y de su esposo o de su futuro esposo.

Cuando somos ladrones con nuestros ojos estamos desfalcando la gratificación sexual de esferas que no nos pertenecen, y de mujeres que no están relacionadas con nosotros.

En esta esfera, con claridad Jesús se convierte en nuestro modelo a imitar por el hecho de nunca haber mirado a una mujer de manera deshonrosa.

¡Pues, claro!, dirías. *Él era Dios. ¡No es justo esperar que yo viva como Él!*

Quizá. Pero si por causa de su deidad, las normas personales de Jesús te parecen inalcanzables, vamos entonces a considerar otro modelo bíblico de hombría en el esfera de la pureza sexual.

Solo un hombre

Su nombre era Job, y este hombre es en nuestra mente el modelo esencial de la pureza sexual en las Escrituras. En el libro de la Biblia que relata su historia, vemos a Dios jactándose de Job frente a Satanás:

> ¿No has considerado a mi siervo Job, que no hay otro como él en la tierra, varón perfecto y recto, temeroso de Dios y apartado del mal? (Job 1:8).

¿Estaba Dios orgulloso de Job? ¡Por supuesto! Aplaudió la fidelidad de su siervo con palabras de la más alta estima. Y si tú anduvieras en pureza, inocencia y rectitud, Él también hablaría de ti con el mismo orgullo. El gozo sería abundante en su corazón. Ya *posees* la libertad y la autoridad para andar en pureza. No necesitas asesoramiento adicional ni liberación adicional.

Pero tal pasaje de la Palabra en realidad podría desanimarte, si comparas el ejemplo de Job con tu propia vida. Vamos entonces a investigar mejor cómo lo hizo Job.

En Job 31:1(NVI), vemos a Job haciendo esta sorprendente revelación: *Yo había convenido con mis ojos no mirar con lujuria a ninguna mujer.*

¡Un pacto con sus ojos! ¿Quieres decir que hizo una promesa con sus ojos de no mirar indebidamente a las jóvenes? ¡Eso no es posible! ¡No puede ser verdad!

No obstante, Job pudo hacerlo, de otra manera no hubiera hecho la siguiente promesa:

> *Si por alguna mujer me he dejado seducir, si a las puertas de mi prójimo he estado al acecho, ¡que mi esposa muela el grano de otro hombre, y que otros se acuesten con ella! (Job 31:9, NVI)*

Job tuvo un éxito rotundo o no hubiera podido hacer esta declaración desde lo más profundo de su corazón. Él *sabía* que había vivido rectamente y *sabía* que sus ojos y su mente eran puros. Él lo *juró* por su esposa y matrimonio, ante Dios y los hombres.

Vamos a regresar al comienzo de la historia y leamos el primer verso en el libro de Job:

> Hubo en tierra de Uz *un varón* llamado Job; y era este *hombre* perfecto y recto, temeroso de Dios y apartado del mal.

¡Job era solo un hombre! Y al reconocer ese hecho, estas hermosas palabras deben gloriosamente inundar tu alma: *Si él puede hacerlo, yo también puedo.* Dios quiere que sepas que en tu hombría, tal y como Él la creó, tú también puedes elevarte muy por encima de la impureza sexual.

De Fred: Hago mi pacto

La primera vez que tome en consideración seriamente el ejemplo de Job, estuve meditando en sus palabras durante innumerables días. Job y yo éramos diferentes en un solo aspecto, nuestras acciones. Dios lo llamó «perfecto». Yo no era perfecto, pero *sí era* un hombre, precisamente como Job, por lo tanto, había esperanza para mí.

Después de varios días, mi mente regresó a la palabra «pacto», un acuerdo entre Dios y el hombre. *¿Qué debo hacer exactamente cuando hago un pacto?* Podría decir las palabras para hacer una promesa, pero no estaba seguro de si podría cumplirlas.

¿Y mis ojos? ¿Puedo realmente esperar que mis ojos cumplan con la parte del pacto que les corresponde? *¡Los ojos no piensan ni hablan!* ¿Cómo guardan una promesa?

Día tras día mi mente regresaba de continuo a este concepto de pacto, tratando de visualizarlo, mientras seguía pecando. Sin embargo, algo se estaba agitando en lo profundo de mi alma.

Recuerdo el momento —el sitio exacto en la calle Merle Hay Road en la ciudad de Des Moines— cuando todo pareció desatarse. Le volví a fallar a Dios con mis ojos por treinta y un millones de veces. Mi corazón se consumía de culpa, dolor y pena. Mientras manejaba por la carretera Merle Hay Road, repentinamente apreté el volante y dije gritando entre dientes: «¡Ya basta! ¡Estoy cansado de todo esto! ¡Estoy haciendo un pacto con mis ojos! No me importa lo que esto implique y no me importa si muero en el intento. Aquí termina. ¡*Aquí* termina!»

Hice ese pacto, y lo construí ladrillo por ladrillo. Más adelante, Steve y yo te mostraremos un plano que puedes usar para construir dicha pared de ladrillos, pero por el momento estudia mi avance:

- Tomé una clara decisión.
- Decidí hacer un cambio de una vez y por todas.

No puedo describir cuán firme fue mi decisión. Torrentes de frustraciones luego de años de fracasos fluyeron de lo más profundo de mi corazón. ¡Estaba hastiado! Ni aun en ese momento estaba plenamente convencido de que podía confiar en mí mismo, pero por fin y, con plena certeza, me involucré en la batalla. A través del pacto que hice con mis ojos, todos mis recursos mentales y espirituales estaban ahora nivelados sobre un singular blanco: mi impureza.

Con el pacto también escogí la hombría, con el fin de elevarme por encima de mis tendencias varoniles naturales. Esto fue un gigantesco paso para mí, como verás más adelante.

El cobarde más grande en la Biblia

Este paso tal vez te parezca un poco raro, pero recuerda que a menudo los actos de obediencia parecen extraños y hasta ilógicos. A veces nos han retado con las siguientes palabras: «¿Quién que esté en sus cabales haría alguna vez un pacto con sus ojos? Eso parece una locura».

En respuesta a dicha objeción, vamos a examinar la historia del hombre a quien llamaremos el cobarde más grande en la Biblia. Su nombre era Sedequías y estuvo reinando en Jerusalén durante la época cuando los babilonios amenazaban con capturar y destruir la ciudad y darle fin a la nación de Judá.

La falta de hombría de Sedequías salió a la superficie en los sucesos que se describen en Jeremías 38. El mismo Jeremías, como profeta de Dios, conocía cuál sería el resultado de la invasión babilónica, y así lo dio a conocer:

> Oyeron… las palabras que Jeremías hablaba a todo el pueblo, diciendo: Así ha dicho Jehová: El que se quedare en esta ciudad morirá a espada, o de hambre o de pestilencia; mas el que se pasare a los caldeos vivirá, pues su vida le será por botín, y vivirá.
> Así ha dicho Jehová: De cierto será entregada esta ciudad en manos del ejército del rey de Babilonia, y la tomará (38:1-3).

Cuando Sedequías escuchó esto, permitió que sus oficiales arrojaran a Jeremías en una profunda cisterna con el propósito de hacerlo callar. Más tarde les ordenó a sus sirvientes que sacaran al profeta de la cisterna, pero lo dejaron arrestado. Entonces, cierto día, mientras Jerusalén se encontraba bajo sitio, el rey se reunió con Jeremías en secreto, y este le dijo al rey lo que debía hacer.

> Entonces dijo Jeremías a Sedequías: Así ha dicho Jehová Dios de los ejércitos, Dios de Israel: Si te entregas enseguida a los príncipes del rey de Babilonia, tu alma vivirá, y esta ciudad no será puesta a fuego, y vivirás tú y tu casa. Pero si no te entregas a los príncipes del rey de Babilonia, esta ciudad será entregada en mano de

> los caldeos, y la pondrán a fuego, y tú no escaparás de sus manos (38:17-18).

¡Rendirse! A través de Jeremías, Dios le estaba pidiendo al rey que hiciera algo muy difícil, algo que carecía de todo sentido. ¿Qué individuo con todas sus facultades intactas dejaría aquella fortaleza para entregarse a sus enemigos? Parecía una locura. Sin embargo, la Palabra de Dios era clara. Ya fuera que permanecieran o se fueran, la ciudad caería en mano de los babilonios.

Sedequías expresó su temor, pero Jeremías se mantuvo firme:

> Oye ahora la voz de Jehová que yo te hablo, y te irá bien y vivirás (38:20).

Pero Sedequías, indeciso y temeroso, no obedeció. Hacer lo correcto era demasiado ilógico y demasiado costoso. Los resultados para su persona, su familia y la nación, fueron trágicos.

¿Hombre de hombres o un hombre de Dios?

Si lo consideramos bien, la definición de Dios respecto a la verdadera hombría es bastante sencilla. Significa escuchar Su Palabra y *obedecerla*. Esa es la única definición de hombría que tiene Dios, un hacedor de la Palabra. Y la definición divina de un cobarde, es uno que escucha la Palabra y *no* la cumple.

¿En algún momento conociste a un hombre cuya barba fuera tan dura que necesitara dos cuchillas para afeitarse por las mañanas, una para cada lado de su cara? La sombra de la barba que tiene es tan espesa a las cuatro de la tarde que necesita afeitarse nuevamente. ¡Cuatro cuchillas en un día! Para nosotros, los que somos «tipos suaves», los tipos rudos como estos son dignos de nuestro asombro.

Pero Dios no se interesa en tales cosas. Cuando Dios mira a su alrededor, no está buscando a uno que es hombre de hombres sino al «hombre de Dios». Su definición de un hombre, alguien que escucha su Palabra y la cumple, es dura, pero por lo menos es clara.

Mientras tanto, los resultados por no ser un hombre de acuerdo con la definición que Dios estableció, siempre son trágicos. Lo cierto es que, tal y como nos dice Gálatas 6:7-8, Dios no puede ser burlado: ciertamente siegas lo que siembras, tanto lo bueno como lo malo.

Llegado a este punto ya debes comprender el mandamiento divino que te ordena eliminar de tu vida todo indicio de inmoralidad sexual. Si lo haces, tal y como lo hizo Job mediante el pacto con sus ojos, entonces eres un hombre de Dios. Si no eliminas cada indicio de inmoralidad sexual, ¿eres un cobarde? Quizá sí.

Al principio del libro de Jeremías leemos estas desesperadas palabras dichas al pueblo por el profeta: *¿Cuánto tardarás tú en purificarte?* (13:27). Esa pregunta es para ti también: ¿Durante cuánto tiempo vas a continuar siendo sexualmente inmundo?

Es difícil ser victorioso. Repetidamente nos dijimos que queríamos dejar de ser inmundos, pero las palabras resultan ser nada más que livianas motas de algodón que cualquier viento suave se lleva de un lado a otro. Si estas palabras no están fundamentadas sobre la hombría decisiva, nada sucederá. Hablar no es lo mismo que hacer.

En varios de los capítulos que siguen te ayudaremos en primer lugar a escoger la victoria en el ámbito de la pureza sexual. Entonces seguiremos estas decisiones con ciertas directrices que te ayudarán a vivir dicha victoria como un verdadero hombre.

Del corazón de una mujer

Como mujer que eres, es indudable que ya te percataste de la gran diferencia sexual que existe entre los hombres y las mujeres.

Heather está tratando de comprender esto: «Estoy comenzando a ser más comprensiva y sensible en cuanto a los sentimientos de mi esposo», dijo ella. «Los hombres *siempre* tienen ganas».

Andrea comentó: «A través de los años he aprendido a reconocer las señales físicas de mi esposo y, por lo general, aunque esté cansada o no me sienta bien, aprecio sus necesidades sexuales y trato de hacer mi parte para satisfacerlo. Aunque debo admitir que en ocasiones he sentido cierto resentimiento y me pregunto por qué razón mis necesidades emocionales no fueron tan importantes como sus necesidades físicas. En repetidas ocasiones le he dicho cuáles son mis necesidades para la intimidad, con el propósito de satisfacerlo mejor y no sentir que solo soy un objeto para su placer físico. Aunque por muchas razones mi esposo es un hombre maravilloso, todavía falla en este aspecto, y a menudo tengo que recordárselo».

Andrea se sintió animada con el tema y comentó lo siguiente: «En cierta ocasión Ann Landers publicó una serie de historias de mujeres a quienes les había dejado de importar la relación sexual. Mi esposo me preguntó qué pensaba al respecto. Con sinceridad le dije que a veces podía entender cuáles eran las motivaciones de estas mujeres. Me miró sorprendido, pero continué diciendo que podía entender por qué despreciaban el acto sexual, si es que sus esposos nunca hicieron nada por complacerlas, y solamente se concentraron en buscar su propia satisfacción».

Con frecuencia podría ser difícil para las esposas no sentir repulsión ante la tendencia masculina de obtener satisfacción sexual a través de los ojos.

Rhonda dijo: «Cuando escuché por primera vez cómo eran los hombres, todo me pareció salvaje y diferente a cualquier cosa que pudiera imaginar. Creerlo me fue muy difícil y a veces me preguntaba si los hombres no estarían inventando tales cosas. Pero luego de aceptar las diferencias, ahora puedo decir que tengo una buena actitud al respecto».

De manera similar, Cathy expresó lo siguiente: «Entender que sus deseos tienen una base fisiológica me ha ayudado a ser más sensible a una necesidad muy verdadera. Yo solía pensar que *Victoria's Secret* [Los secretos de Victoria] era una tienda para mujeres baratas. Mi esposo me ayudó a entender que usar «ropa íntima erótica» era muy positivo en nuestra relación.

Pienso que las mujeres cristianas deben sentirse más libres para usar todo lo que excite a sus esposos».

Al mismo tiempo, las mujeres deben tener cuidado de cómo puede su apariencia excitar a otros hombres. La Biblia exhorta a las mujeres a vestir modestamente (1 Timoteo 2:9), pero son muchas las que tienden a tomar con ligereza tales pasajes. Al ir de compras, algunas mujeres van en busca de «algo atractivo», cuando en realidad lo que quieren decir es «algo provocativo». Compran el suéter que acentúa sus pechos y el traje corto que acentúa su curvilínea figura. Y aunque estos cumplan su cometido con los esposos, ¿qué del resto de los hombres que conoce?

«No creo que la mayoría de las mujeres sean conscientes de lo que otros hombres están pensando», dijo Cathy. «Ahora que conozco cuán intensas son las tentaciones que mi esposo y otros hombres enfrentan, tengo más cuidado con la manera de vestirme».

Con relación a tu propio esposo, comprender el ciclo de setenta y dos horas, te puede ayudar a mantenerlo satisfecho. Ellen dijo: «Su pureza es extremadamente importante para mí, por lo tanto, procuro satisfacer sus necesidades para que cada día salga con su copa llena. Durante los primeros años de matrimonio, con toda las energías que invertía en la crianza de los hijos y el ciclo mensual, me era mucho más difícil hacerlo. No hubo muchos "momentos ideales" en que todo fuera perfecto. Pero así es la vida, y de todas formas lo hacía».

Así que, hay lugar para un «rapidito». Mientras que una larga dieta de relación sexual al instante no es saludable, ciertamente ocupa un lugar importante a la hora de desarmar el poder del ciclo de tentación de setenta y dos horas. A veces, simplemente careces del tiempo o las energías para disfrutar del paquete completo, pero si a ti te importa la pureza de tu esposo, puedes encontrar suficientes energías para ayudarlo.

En términos de la ropa que usas mientras estás en tu casa, no olvides que su ignición es visual. Puedes hacer que su motor se encienda solo con cambiarte de blusa en su presencia. Como dijo Ellen: «¡Para el beneficio de mi esposo procuro no desvestirme frente a él, a menos que yo esté lista para la acción!»

Cuando quieras que tu esposo vea películas románticas contigo, sé sensible respecto a cómo las películas con fuertes escenas de amor lo expondrán a la sensualidad visual. Déjale espacio para decir no, por beneficio a su integridad sexual. (Y evita aquellas que comprometen tu propia integridad sexual.)

Finalmente, mientras luchas con tus emociones para entender plenamente el «problema» de tu esposo y su efecto sobre tu matrimonio, debes reconocer que el pecado de la comparación es algo tan dañino para tu matrimonio como el pecado sexual. Las cosas sensuales que los hombres miran, pueden hacerlos sentir menos satisfechos con sus esposas. De igual manera, cuando las mujeres tienen una fantasía sobre el esposo perfecto, esto puede hacerlas sentir menos satisfechas con el compañero que Dios les ha dado.

Las mujeres son susceptibles a esto en diferentes maneras. Algunas caen en la trampa cuando comparan a sus esposos «pasaditos de peso», con el tipazo que un día conocieron en la universidad. Para otras, la insatisfacción brota al soñar despiertas con una aventura amorosa en una isla lejana, o al leer una novela romántica y responder a ella con sentimientos de «si tan solo», que solamente llevan a la insatisfacción.

Andrea aceptó que para ella sería una caída potencial y enorme «comenzar a tener fantasías sobre el "esposo perfecto"; especialmente durante épocas difíciles dentro del matrimonio. Esto me hace sentir insatisfecha con él y comienzo a desear de él mucho más de lo que debo».

Frances admitió que las mujeres «podemos quedarnos cortas con nuestros pensamientos. Comparamos a nuestros esposos con los esposos de otras mujeres, pero no necesariamente en el aspecto físico o sexual. Lo hacemos espiritualmente, estableciendo comparaciones con aquellos que son mejores líderes espirituales, o simplemente más espirituales en términos generales. También comparamos nuestras vidas con las vidas de otras mujeres, como por ejemplo, quién tiene una vida más fácil, y quién tiene y no tiene que trabajar fuera del hogar. Esto también podría ser causa de insatisfacción para nuestros esposos».

Tercera Parte

Escoge la victoria

capítulo 8

El momento para decidir

Nos encontramos una historia de periódico sobre un veterano de la Segunda Guerra Mundial llamado B.J. «Bernie» Baker, a quien le informaron que se estaba muriendo de cáncer en los huesos. Como solo le pronosticaron dos años más de vida, le dijo a los médicos que lucharan en contra de la enfermedad con todos los medios posibles. «Aplíquenme los tratamientos», dijo él. «Continuaré viviendo mi vida». Mientras tanto, él y su esposa encontraron tiempo para dar un largo viaje por Alaska en una casa móvil, disfrutar una excursión de pesca en Costa Rica y varios viajes a la Florida.

Nueve años después del diagnóstico inicial, estaba luchando con la falta de aire y la pérdida de sus fuerzas, pero dijo: «Voy a continuar batallando. Qué otra alternativa me queda».

No dijo estas palabras en tono de resignación. Eran las palabras de un guerrero, de un verdadero hombre, un hombre que se enfrentó a las bombas y a los disparos de ametralladoras en el Pacífico Sur, antes de regresar a los Estados Unidos y con el tiempo comenzar la *Compañía Baker Mechanical* con dos llaves de tubería y una camioneta de $125. (Dicha compañía se convertiría en una de las más grandes de su clase en Norteamérica.) El cáncer lo golpeó con fuerza, pero él no tenía planes de rendirse.

Voy a continuar batallando. ¿Cuál era la alternativa para B.J?

Rendirse y morir.

¿Y qué de ti en tus luchas contra una mente y ojos impuros? ¿Cuál es tu opción para luchar?

Permanecer atrapado y morir espiritualmente.

Cuando hablamos con hombres valientes de la generación de B.J., veteranos de la Segunda Guerra Mundial que personifican el título del libro de Tom Brokaw *The Greatest Generation* [La generación más grande], dicen que no se sienten como héroes. Simplemente tenían un trabajo que desempeñar. Y cuando se abrían las compuertas de las naves de asalto, tragaban en seco y decían: «Llegó el momento». Vamos a pelear.

En tu lucha con la impureza sexual, ¿no crees que ya es tiempo? Por supuesto, la lucha será difícil. Lo fue para nosotros. Al comenzar nuestra lucha esperábamos que al principio recibiríamos una gran paliza, y así fue. El pecado nos había humillado. Pero anhelábamos obtener la victoria sobre dicho pecado y el respeto de nuestro Dios.

Tu vida y tu hogar se encuentran bajo una abrasadora ametralladora de sexualidad que sin misericordia arrasa con el paisaje. En este momento te encuentras en la cubierta de una lancha de desembarco, que pulgada a pulgada se acerca a la orilla para un enfrentamiento. Dios te dio las armas y te entrenó para la batalla.

No puedes quedarte en la lancha de desembarco para siempre. Tarde o temprano la compuerta inclinada se abrirá, y entonces habrá llegado el momento de correr valientemente hacia el campo de batalla. Dios correrá *contigo*, pero no correrá *por* ti.

Es tiempo de lanzarte al frente y proceder como un hombre.

De Fred: Ganar cuando la lucha es más intensa

Si recuerdas mi historia, rechacé *algunos* pecados sexuales cuando me convertí. Pero no había destruido *del todo* mis deseos de ceder ante las influencias negativas que nuestra cultura ejercían sobre mí y, por lo tanto, caí en una trampa. A medida que como hombre casado continuaba batallando con la tentación sexual, fueron muchos los días que lloré con añoranza, una disminución hormonal sería de gran ayuda. Me cansé de la batalla y tenía muchas ganas que se alejara de mí.

A la larga, mientras pasaban los cumpleaños y nada se aclaraba, sentí que me habían engañado. Me sentía asqueado de pecar, asqueado de Satanás y asqueado de mí mismo y ya no quería esperar más. Igual que el pueblo de Israel, llegué al punto de sentir vergüenza de mí mismo (como le sucedió al pueblo de Israel de acuerdo con la profecía que Dios le dio en Ezequiel 6:9). Estaba enojado. Quería vencer enseguida y hacerlo en forma decisiva, no en algún momento futuro donde tal vez la edad lograría la victoria por la puerta trasera. Quería vencer cuando la batalla estuviera en su nivel más intenso y caliente.

Tú también debes desearlo. Si no vences ahora, nunca podrás saber si eres un verdadero hombre de Dios.

Camino a la guerra, camino a la victoria

Hace tres años estuve asesorando a Ben, quien dijo desear una vida de integridad sexual, aunque sus palabras solo fueron palabras. «Todavía sigo comprando revistas *Playboy*», me dijo recientemente. «Parece que no las odio lo suficiente».

A Kirk, un obrero en un ministerio local, lo descubrieron en las etapas iniciales de una aventura amorosa. Mediante un vocabulario indecente estuvo presionando a una compañera de trabajo para llegar a una situación comprometedora. Dijo querer mi ayuda, y estuve de acuerdo en reunirme con Kirk y con su pastor.

En la primera reunión que tuvimos, el pastor dijo: «Este tipo de vocabulario y comportamiento es muy común en nuestra comunidad». Noté que Kirk asintió con la cabeza. No volví a reunirme con Kirk porque sabía que él no odiaba su pecado.

De manera similar viene a mi memoria un chico de diecisiete años llamado Ronnie, quien se masturbaba varias veces al día. Su pastor me dijo: «Ronnie *dice* que desea ser libre, pero no siente remordimiento alguno que lo lleve a esforzarse por su cuenta. Dice estar dispuesto a dejar su pecado, pero solo si Dios hace la obra». Poco después, Ronnie irrumpió aterrorizado en la oficina de su pastor diciendo: «¡Pastor, tiene que ayudarme! ¿Se acuerda de las fantasías que tengo mientras me masturbo? ¡Pues hace dos semanas se convirtieron de repente en fantasías homosexuales y no puedo hacer que cesen!» Esa era la revelación que Ronnie necesitaba para ponerse en pie y batallar.

Hemos conocido a los que fracasaron en su lucha por la pureza sexual, y conocemos algunos que vencieron. ¿Cuál es la diferencia? Los que vencieron, odian su impureza. Habían decidido ir a la guerra y ganar, o morir en el intento. Cada recurso disponible se niveló en contra del enemigo.

No lograrás la victoria en esta esfera de tu vida, mientras que no escojas la hombría con todas tus fuerzas.

¿Y por qué no ahora?

En el camino hacia una decisión terminante a favor de la pureza sexual, tenemos que hacer varias decisiones difíciles y responder algunas preguntas difíciles:

- ¿Durante cuánto tiempo pretendo continuar atrapado?
- ¿Durante cuánto tiempo debe esperar mi familia?
- ¿Cuánto tiempo debe pasar antes de que pueda mirar a Dios a cara descubierta?

Hace varios años Brenda, mi esposa, me hizo una de estas preguntas difíciles. Y aunque se enfocaba en algo aparte del pecado sexual, la historia detrás de ella ilustraba las difíciles decisiones que son necesarias para escapar de la esclavitud sexual.

Al cumplir los treinta y cinco años de edad, de pronto me estremeció profundamente la falta de aceptación por parte de mi padre. Este dolor afectó mi relación con mi esposa e hijos. Comencé a ser duro en mi tono de voz y con mis palabras. Duro, duro, duro. Brenda trató de darle una explicación a mi comportamiento, pero después de un año comenzó a frustrarse. Un día me dijo: «¡Ya está bien! ¡Basta ya! ¡Solo déjanos saber cuánto tiempo planeas seguir así como estás, para entonces prepararnos!» Y se marchó enojada.

Durante un buen tiempo me quedé sentado donde estaba sin poder emitir una sola palabra. ¿Cuánto tiempo *iba* a permanecer en tal estado? ¿Diez años? ¿Y por qué diez? ¿Por qué no cinco? Y si al final de cinco años decidiera cambiar, ¿por qué no hacerlo después de uno? Y si después de uno, ¿por qué no hacerlo ahora?

Después de su punzante pregunta directa a mi corazón, supe que había llegado el momento. Comencé de inmediato, conseguí un consejero. Poco tiempo después asistí a una conferencia de *Cumplidores de Promesas* en la ciudad de Boulder, Colorado. Esa primera noche, mediante el orador, Dios habló a mi corazón y me mostró un aspecto de su amor por mí que yo nunca había entendido. Y aquella noche, sentado en las gradas del Estadio Folsom Field en la Universidad de Colorado, el dolor que mi padre me causó comenzó a desvanecerse. Mi familia merecía mucho más, y yo debía actuar decididamente.

Más preguntas

De forma similar, en la esfera de la pureza sexual, te encuentras en tu encrucijada y debes tomar una decisión.

Admítelo: Amas la excitación sexual, pero la esclavitud te abruma. ¿Es mayor el amor que sientes que la repugnancia? ¿Crees que es correcto quedarte corto en cuanto a las normas de Dios?

Mírate en un espejo. ¿Te sientes orgulloso de tus fantasías sexuales? ¿O te sientes degradado después de mirar las promociones de ropa interior en las revistas o las escenas sexuales de las películas?

A propósito de la sexualidad, lo que tienes es una fiebre sexual de pocos grados que no te incapacita, pero tampoco estás completamente sano. Puedes funcionar de un modo casi normal, pero en realidad no eres capaz de esforzarte mucho. Básicamente, apenas estás escapando. Y si esta fiebre no cede del todo, nunca podrás funcionar plenamente como un cristiano. Como el hijo pródigo, necesitas volver en ti y tomar una decisión.

Quizá ni tu propia esposa esté al tanto de tu problema con la impureza sexual, así que haremos las preguntas por ella:

- ¿Durante cuánto tiempo vas a permanecer sexualmente impuro?
- ¿Durante cuánto tiempo le vas a robar sexualmente a tu esposa?
- ¿Durante cuánto tiempo impedirás el desarrollo en la relación de unidad con tu esposa, la unidad que le prometiste hace varios años?

En este punto la perspectiva divina es bastante sencilla. Tienes que enfrentar dichas preguntas y tomar una decisión. Sin embargo, estás titubeando. Sabemos que titubeas, porque durante años nosotros también lo hicimos. Estás pensando: *Espera un momento. No estoy listo.* O, *¡Pero no es tan fácil!*

Está bien. Estamos de acuerdo en que la decisión de dejar de pecar no siempre parece ser una pequeña decisión. Una vez que estás atrapado, todo aparenta ser complicado. Pero escucha las siguientes palabras que emitió el predicador Steve Hill, al hablar sobre el tema de cómo escapar de la adicción a las drogas y al alcohol, así como la adicción al pecado sexual:

> «No nos ha sobrevenido ninguna tentación que no sea humana». Dios proveerá un medio de escape, pero amigo... debes estar dispuesto a usar dicho medio.
>
> Yo era un alcohólico al máximo. Todos los días bebía whisky puro. Y además era adicto a las drogas. Mi amigo, yo consumía cocaína por la nariz, por las venas y por todas partes. Dios nunca me quitó ni el deseo ni el amor por las drogas. Nunca lo hizo. Lo que sucedió es que yo *decidí* que nunca volvería a tocar la droga ni bebería el alcohol…
>
> Aquellos de ustedes que participan de la pornografía podrían estar pidiéndole a Dios que les quite los deseos lascivos. Ustedes son hombres con hormonas. *Sienten* las cosas. Las sienten desde la adolescencia, ¡y las sentirán hasta el día en que mueran! Ustedes sienten atracción por el sexo opuesto.

> No estoy diciendo que Dios no pueda quitar esos deseos de ustedes. ¡Él puede hacerlo! Lo cierto es que nunca lo hizo en mi vida ni en la vida de miles de personas con quienes he trabajado a través de los años. Y eso incluye la pornografía. El noventa y nueve por ciento de ellos tuvo que *tomar una decisión*. Tuvieron que tomar la decisión de no acercarse a los estantes donde están las revistas pornográficas y permanecer fieles a sus esposas y a sus familias.

Estamos de acuerdo. Llegó el momento de tomar una decisión. ¿Cuándo cambiarás *tú?* ¿Cuánto tiempo vas a esperar? ¿Cinco años? ¿Un año? ¿Por qué no hacerlo ahora mismo?

Este es tu momento

Considera el ejemplo de Eleazar, uno de los «tres hombres valientes» de David, en este breve registro de una intensa batalla en contra de los filisteos:

> Después de éste, Eleazar ... se levantó e hirió a los filisteos hasta que su mano se cansó, y quedó pegada su mano a la espada. Aquel día Jehová dio una gran victoria, y se volvió el pueblo en pos de él tan sólo para recoger el botín (2 Samuel 23:9-10).

Eleazar rehusó ser atrapado de nuevo. Todos los demás huían del enemigo, pero él se paró firme y dijo: «Estoy cansado de correr. Voy a pelear hasta la muerte, o hasta que me derrumbe sobre este campo exhausto, pero victorioso. Este es mi momento para vivir o morir».

¿Estás tú cansado de tanto correr? El autor y pastor Jack Hayford, una vez se sentó en su auto a solas con una hermosa cajera después de una transacción bancaria, y se dijo a sí mismo: «O tengo que purificar mi mente y consagrarme ante Dios, o tendré que masturbarme aquí mismo». El hecho de que Jack dijera esto frente a miles de hombres en una conferencia de *Cumplidores de Promesas* sirvió de gran inspiración para mí.

¿Y qué de ti? ¿Durante cuánto tiempo más vas a permitir que los filisteos te persigan? ¿Te motivarás a pelear en vez de correr?

De Fred: Motivados a ganar

Esta es la historia de alguien que se llenó de una *gran* motivación para cambiar.

Varias semanas antes de su boda, Barry me escuchó hablar sobre el tema de la pureza sexual. Mis palabras calaron profundamente en su corazón, porque él tenía problemas con las películas clasificadas «R». Había planeado casarse con Heather, y con mucho cuidado guardaba su secreto, pero ahora decidió decirle la verdad.

Heather recuerda su reacción ante la confesión de Barry: «Me quedé sorprendida y entumecida cuando aquella noche hablamos sobre el tema en el auto. Solo miré hacia el frente, sin manifestar sentimiento alguno.

»Después que lo dejé en su casa, lloré y lloré, y durante varios días rehusé hablar con él. Cuando por fin accedí verlo me dijo que me veía hermosa. Me enojé tanto y sentí tanta repulsión hacia él, que le arrojé el anillo de compromiso a la cara y le dije que no quería verlo jamás. Me sentí enferma y sucia».

Como puedes ver, este es un tema bastante emotivo. Las mujeres toman la ofensa en un nivel personal cuando se enteran de lo que los hombres hacen en secreto.

Heather nos pidió a Brenda y a mí que nos reuniésemos con ella, y así lo hicimos. Después de mucha oración y asesoramiento, Heather le dio a Barry una fecha límite de una semana.

Entonces me reuní con Barry. «¿Me podrías ayudar?» preguntó él. «Estoy absolutamente enviciado con las películas eróticas. Pensé que Heather lo entendería, pero se sintió ofendida y me llamó pervertido. Fred, ¡estoy desesperado! Ya se enviaron las invitaciones de la boda, ¡pero si no logro detener esto, de alguna forma tendré que explicarle todo este asunto a mi futura suegra! ¡Tienes que ayudarme!»

¿Crees que Barry estaba motivado? Sí que lo estaba. Son pocas las veces que me he encontrado con alguien que desee ganar una guerra con tanta rapidez. Y venció su problema. Se convirtió en un hombre de integridad sexual y en la actualidad él y Heather tienen un matrimonio maravilloso.

Tú también puedes ganar la guerra... y puedes comenzar a ganarla ahora mismo.

Todo lo que necesitas

Como las bases para tu victoria, ¿sabías que Dios te capacitó con todo lo que necesitas para vivir una vida de pureza? Y es algo muchísimo mejor que un moderno Sistema de Navegación de Ubicación Global.

En el Calvario, Él redimió para ti la libertad y autoridad para una vida de pureza. Esa libertad y autoridad son su regalo para ti a través de la presencia de su Espíritu, quien vino a residir en ti cuando le entregaste tu vida a Cristo. La libertad y autoridad forman parte de nuestra nueva conexión interior a su naturaleza divina, que es el eslabón que nos da su poder y el cumplimiento de sus promesas:

> Como todas las cosas que pertenecen a la vida y a la piedad nos han sido dadas por su divino poder, mediante el conocimiento de aquel que nos llamó por su gloria y excelencia, por medio de las cuales nos ha dado preciosas y grandísimas promesas, para que por ellas llegaseis a ser participantes de la naturaleza divina, habiendo huido de la corrupción que hay en el mundo a causa de la concupiscencia (2 Pedro 1:3-4).

Es como la situación que enfrentaron Josué y el pueblo de Israel al prepararse para cruzar el río Jordán y poseer la Tierra Prometida. ¿Qué le dijo Dios a Josué?

> Mira que te mando que te esfuerces y seas valiente; no temas ni desmayes, *porque Jehová tu Dios estará contigo en dondequiera que vayas* (Josué 1:9).

Él les había dado a los israelitas todo lo que necesitaban. Lo único que tenían que hacer era cruzar el río.

En cuanto a la pureza sexual, Dios conoce la provisión que Él ha hecho a nuestro favor. No estamos faltos de poder ni de autoridad, pero sí carecemos de *urgencia*. Debemos elegir el esforzarnos y ser valientes para entrar a la vida de pureza. En la milésima de segundo que toma hacer dicha decisión, el Espíritu Santo comenzará a guiarte y a dirigirte a través de la lucha.

Dios está en espera

La cultura sexual en la que vivimos nos manipuló y cada uno de nosotros decidió ceder ante el pecado. Estas decisiones nos atraparon en diferentes grados, pero podemos conquistar esta aflicción. Sin embargo, en demasiadas ocasiones pasamos por alto nuestra responsabilidad. Nos quejamos diciendo: «¡*Por supuesto* que deseo ser libre de la impureza! ¿Acaso no me has visto acudir al altar cuatrocientas treinta y tres veces con la misma petición? Parece que librarme no es la voluntad de Dios para mi vida».

¿Que no parece ser la voluntad de Dios? Tal aseveración es una ofensa al carácter de Dios. No le eches la culpa a Dios.

La voluntad de Dios para ti es la pureza sexual, aunque no pienses que sea así y que esta no sea tu experiencia constante. Pero lo cierto es que Él hizo provisión para la pureza. Presta atención a los siguientes pasajes:

> Así también vosotros consideraos muertos al pecado, pero vivos para Dios en Cristo Jesús, Señor nuestro.No reine, pues, el pecado en vuestro cuerpo mortal, de modo que lo obedezcáis en sus concupiscencias; ni tampoco presentéis vuestros miembros al pecado como instrumentos de iniquidad, sino presentaos vosotros

> mismos a Dios como vivos de entre los muertos, y vuestros miembros a Dios como instrumentos de justicia. Porque el pecado no se enseñoreará de vosotros; pues no estáis bajo la ley, sino bajo la gracia (Romanos 6:11-14).
>
> En efecto, habiendo sido liberados del pecado, ahora son ustedes esclavos de la justicia (Romanos 6:18).

Dios te está esperando. Pero ahora no te está esperando cerca del altar, con la esperanza de que pases por allí para charlar durante un rato. Él está esperando que te levantes y participes en la batalla. Por medio del Señor tenemos el poder para conquistar cualquier nivel de inmoralidad sexual, pero si no utilizamos tal poder, nunca podremos ser libres del hábito.

Como ves, la impureza sexual no es como un tumor que crece sin control dentro de nosotros. Lo tratamos de esa manera cuando nuestras oraciones se enfocan en la *liberación*, mientras rogamos por alguien que venga y lo quite de nosotros. En realidad, la impureza sexual es una serie de malas decisiones de nuestra parte, el resultado de un carácter inmaduro y la liberación no te llevará a un estado de madurez instantánea. Necesitas trabajar con el carácter.

¿Y cómo se trabaja con el carácter? Eso es precisamente lo que vamos a explorar durante el resto del libro.

La santidad no es algo nebuloso. Es una serie de decisiones correctas. No necesitas esperar para que una nube de santidad se forme a tu alrededor. Serás santo cuando decidas no pecar. Ya eres libre del *poder* de la inmoralidad sexual; pero no serás libre del *hábito* de la inmoralidad sexual hasta que decidas serlo, hasta que digas: «¡Basta! ¡Hoy decido vivir puramente!»

capítulo 9

Recupera lo perdido

Por fin decidiste que ya es hora de pelear y reconoces que la batalla por la pureza sexual te va a costar algo. Va a requerir sacrificio, intensidad y honor.

Pero primero vamos a aclarar otra cosa: ¿Qué esperas *ganar* al escoger la hombría y la pureza que la acompaña?

Al ganar esta guerra, recibirás grandes bendiciones en tu vida y de muchas maneras. A través de tu victoria recuperarás todo lo que se perdió por causa del pecado. La victoria te ayudará a…

- recuperar y revitalizar tu relación con Dios
- recuperar y revitalizar tu relación con tu esposa
- recuperar y revitalizar tu relación con tus hijos
- recuperar y revitalizar tu relación con tu ministerio

De Fred: Nueva luz y claridad

El pecado hizo que durante varios años no pudiera mirarme en un espejo. Sabía que Dios me amaba incondicionalmente, pero también sabía que no aprobaba mi comportamiento. Por consiguiente, no podía mirar a Dios a cara descubierta.

En cierta ocasión escuché a un predicador decir: «Cuando Jesús toca a tu puerta, Él desea tener la libertad para entrar a cada habitación de tu casa. Él quiere ser bienvenido y sentirse cómodo en cada esfera de tu vida. ¿Le has negado la entrada a alguna habitación de tu casa?»

Sí, me dije a mí mismo sentado en el banco de la iglesia. *La recámara sexual. Está muy bien clausurada.* Como era un farsante y un hipócrita, mantenía esa habitación privada. En cierto sentido eso no era importante para Dios; sabía que de todas maneras Él me amaba. Pero también sabía que mi relación con Él sufría a causa de mi pecado. Cuando mis hijos desobedecen, nuestra relación sufre. Después me miran a los ojos en busca de perdón y de la restauración de nuestra relación. Yo sabía que tenía que hacer lo mismo con Dios.

En mi situación, sin embargo, ya no tenía el valor de mirar a sus ojos en busca de perdón. Me sentía demasiado avergonzado por no haber cambiado luego de pedir perdón en repetidas ocasiones. En mi mente escuché sus obsesionantes palabras: *¿Por qué me llamas «Señor, Señor», y no haces lo que digo?*

Yo era un pródigo comiendo la sobra de las algarrobas en un corral de cerdos. Para restaurar la relación con mi Padre, tenía que levantarme del fango y comenzar a caminar rumbo a casa. No tenía que primero limpiarme, pero sí tenía que dar el primer paso. Más adelante en el camino, el Padre estaría esperando con un anillo, un vestido, calzado y todo lo demás que se supone que le den a un hijo que recibe honra. Pero primero tenía que entrar en razón, igual que hice aquel día en la calle Merle Hay Road cuando di mi primer paso rumbo a casa, hacia la pureza, al hacer aquel pacto con mis ojos.

Poco tiempo después sentí una nueva luz y claridad en mi alma. Mi pecado sexual había traído una oscuridad tan profunda y asfixiante que al desaparecer, la diferencia era tan real que casi podía palparla. Me sentí amado *y* aprobado por Dios.

Junto con la paz interior viene una paz exterior que afecta tu vida diaria. En un capítulo previo hice mención de un negociante llamado Wally y el temor que le tiene a los hoteles. Ahora Wally reserva una habitación en un hotel, disfruta de una rica cena en la cafetería, regresa a su habitación, apaga las luces y se acuesta a dormir. «Ya no les tengo ni el más mínimo temor a las habitaciones del hotel», dice él. «Las cosas sensuales ya no dominan mi día como solían hacerlo. Desaparecieron todos aquellos deseos exigentes que me gobernaban y, sin embargo, ¡el deseo por mi esposa Tina continúa aumentando de manera especial!»

Con la victoria en la esfera de la pureza sexual podrás observar el mismo impacto positivo respecto al deseo por tu esposa.

Mi encantadora esposa

A principios de mi matrimonio nunca me entregué por completo a Brenda en el aspecto emocional. En cierta ocasión pensé que este era el resultado de alguna peculiaridad de mi personalidad, pero lo cierto es que mi pecado sexual era lo que no me permitía avanzar. Desde que me entregué a Brenda por completo y cedí a todos mis derechos de una vida sexual «privada» con mis ojos y mi mente, la confianza es algo que ahora se desarrolla de forma natural.

Otra recompensa es que ya Brenda no alberga los temores de que yo vaya a tener amoríos con otras mujeres. Como hemos hablado tanto y de forma tan franca sobre mi compromiso con la pureza, su corazón está en plena paz. No admiro la belleza de otras mujeres ni tampoco hablo sobre otras mujeres. Y como no he alimentado mis ojos con nada sensual (excepto por ella), la encuentro absolutamente encantadora, y ella lo sabe.

De Steve: Plena conexión

Mi experiencia fue muy similar a esta historia. Una de las cosas que traje a mi matrimonio con Sandy fue un compartimiento secreto que celosamente había guardado durante muchos años. En él había una novia de mucho antes, el primer amor verdadero que tuve. No tenía fantasías con ella, pero consideraba que este compartimiento secreto era mío para siempre, un lugar privado del cual podía extraer agradables recuerdos de lo que fue la vida con ella.

Pero solo pude establecer plena relación con Sandy, cuando estuve dispuesto a entregar mi compartimiento secreto. Una vez que esto sucedió, no volví a desear establecer contacto con mi antigua novia, porque estaba enfocado en Sandy y en desearla.

Es posible que tú también tengas compartimientos secretos que estén rotulados Antiguas Novias o Pornografía o Sitios

Favoritos en la red cibernética. Esos compartimientos privados y secretos los debes abandonar porque son dañinos.

Amigos que confían

Tu pureza sexual también significará recuperar las relaciones con tus amigos.

Fred y yo sabemos que si en algún momento la esposa de un amigo tuviera que quedarse durante una noche en un hotel sola con uno de nosotros, ese amigo podría estar plenamente seguro de que nada deshonroso le sucedería. Este no siempre fue el caso. Y, por supuesto, tal situación nunca sucedería, pero ese no es el punto. Simplemente sabemos que ahora somos dignos de confianza. Nuestros amigos no tienen que preocuparse de que «estemos desvistiendo a sus esposas» con nuestras mentes o soñando despiertos sobre cómo sería hacer el amor con una de ellas.

En el cuerpo de Cristo la confianza es muy importante. En 1 Corintios 6:15-20, Pablo dice que un hombre que es sexualmente inmoral no solo peca contra su propio cuerpo, sino que también peca en contra del cuerpo de Cristo y sus amigos dentro del cuerpo.

Nuestros amigos confían en que somos puros; un fracaso destruiría sus espíritus tanto como el nuestro. Debemos ser dignos de confianza.

De Fred: Tu legado

En la relación con tus hijos es maravilloso saber que puedes romper patrones de pecado generacional. Considera lo que el salmista escribió:

> *El hombre, como la hierba son sus días; ... Mas la misericordia de Jehová es desde la eternidad y hasta la eternidad sobre los que le temen, y su justicia sobre los hijos de los hijos (Salmo 103:15,17).*

Es obvio que Dios está interesado en salvarte como individuo. Después de todo, Él envió a su hijo a morir por ti, personalmente. Pero Él está igualmente interesado en ti como el eslabón de una importante cadena, porque Dios sabe que un legado cristiano, cuando se pasa a otro, tiene el poder de cambiar las generaciones para bien.

De la misma forma el pecado puede afectar las familias por varias generaciones, tal y como sucedió en la mía. Yo vengo de una familia en la que los hombres amaban las relaciones sexuales y la pornografía y dejaron a sus esposas o se enredaron en aventuras amorosas.

Como seguí sus pasos, aún recuerdo las fotos que vi en las revistas *Playboy* y *Gallery* hace más de veinte años. También recuerdo las muchas novias que tuve y nuestros momentos en la cama. Pero el Señor y yo vencimos, y el pecado generacional se rompió.

Jasen, mi hijo de dieciséis años, es ahora un apuesto adolescente que mide seis pies de estatura y tiene una disposición y sonrisa amigables. Hace poco Jasen estuvo con unos amigos que tenían pornografía. Se alejó de ellos. *Mi hijo se alejó de ellos.* ¡No tienes idea de lo que esto significa para mí!

Si estás saliendo de un pecado generacional, debes continuar peleando la buena batalla por tus hijos y por los hijos de tus hijos.

En cierta ocasión un hombre le dijo a D.L. Moody: «Todavía el mundo no ha visto lo que Dios puede hacer con un hombre plenamente entregado a Él». Moody respondió: «¡Yo soy ese hombre!» A diferencia de Moody, los jóvenes modernos están invirtiendo demasiadas energías espirituales batallando con las fiebres sexuales. ¿Qué te parece si desde un principio tu hijo logra mantenerse libre de esta agotadora fiebre y todas sus energías espirituales se pueden usar para obedecer el llamado de Dios en Su reino?

Esto se puede lograr. El mundo aún no ha visto lo que Dios puede hacer con un ejército de jóvenes libres de las fiebres sexuales. Si eres padre, ¿te estás esforzando hasta el máximo para que tu hijo se mantenga puro con tal de que pueda calificar para dicho ejército? ¿Podrías tú responder igual que Moody: «¡Yo soy ese hombre!»?

Participa en la edificación del Reino

Después de ser salvo sentí una profunda emoción por Jesucristo y consideré ingresar al ministerio a tiempo completo. Indagué sobre las escuelas y los seminarios, emocionado al pensar en la posibilidad de invertir todo mi tiempo hablándoles a los demás sobre Jesús. Después de quedar libre de un estilo de vida bastante promiscuo, para mí el amor de Dios se convirtió en algo intoxicante.

Pero tuve que tocar tierra al leer en la Biblia una conversación que el rey David tuvo con su hijo Salomón. En dicha conversación, David relata lo que Dios le había dicho hacía varios años por medio del profeta Natán, respecto al deseo que David tenía de construir el templo judío:

> Y dijo David a Salomón: Hijo mío, en mi corazón tuve el edificar templo al nombre de Jehová mi Dios. Mas vino a mí palabra de Jehová, diciendo: Tú has derramado mucha sangre, y has hecho grandes guerras; no edificarás casa a mi nombre, porque has derramado mucha sangre en la tierra delante de mí (1 Crónicas 22:7-8).

Debido a que David era un hombre de guerra y había derramado tanta sangre, no debía edificar el templo. Esa tarea, le dijo Dios a David, estaba reservada para su hijo Salomón:

> He aquí te nacerá un hijo, el cual será varón de paz, porque yo le daré paz de todos sus enemigos en derredor; por tanto, su nombre será Salomón, y yo daré paz y reposo sobre Israel en sus días. Él edificará casa a mi nombre (1 Crónicas 22:9-10).

Yo no recibí palabra directamente de un profeta, como era David, pero este versículo saltó de entre las páginas. Veía muy claro que Dios me decía algo parecido a esto:

> David era un hombre de guerra y derramó mucha sangre, por lo tanto, no pude permitir que edificara mi templo. De la misma manera, tú eres un hombre de profundo pecado sexual. No puedo tenerte en este momento edificando mi reino a tiempo completo. Primero quiero que aprendas a ser un simple baluarte en una iglesia local. Y si eres fiel, tu hijo te ayudará a edificar mi reino a tiempo completo.

Esto me pareció devastador, pero estaba seguro de haberlo escuchado correctamente. Por fortuna, el gran corazón de David me sirvió de inspiración.

Al meditar en estos versículos, gustosamente decidí hacer lo mejor que podía ante tal circunstancia. Ya que no podía trabajar a tiempo completo edificando el reino, podía preparar a mi hijo de la mejor manera posible. Con la misma diligencia de corazón que usó el rey David con su hijo Salomón, decidí ayudar a Jasen en la lectura de la Palabra, memorización de versículos, clases de música y asistencia a la iglesia. Invité a misioneros a hospedarse en mi casa, para que así Jasen escuchara cómo estaban ellos impactando las vidas de las demás personas. Y por encima de todo, me esforcé por mantenerlo puro. Estuve al tanto de quiénes eran los chicos con los que jugaba, le expliqué cuáles eran los peligros de la pornografía y lo protegí de las sensuales películas y programas de televisión.

Tengo que ser un buen ejemplo, porque recuerdo muy bien cómo eran las cosas con mi padre. Cuando yo era aún pequeño, mi padre prometió darme cien dólares el día de mi graduación si me mantenía completamente alejado de las bebidas y de los cigarrillos. Durante la escuela superior nunca fumé ni bebí, y el día de mi graduación él me pagó los cien dólares. ¿Pero qué sucedió en la universidad? Nunca fumé, pero sí comencé a beber. ¿Y por qué hice una cosa y no la otra?

A los diez años de edad estuve junto a mi papá, un fumador de dos cajetillas diarias, cuando recibió la noticia de que solo le quedaban seis meses de vida. Los médicos le extirparon un pulmón, y lo observé mientras sufría fuertes dolores como resultado de la operación. Mi padre, que en varias ocasiones había intentado inútilmente dejar de fumar, dejó el vicio al instante. Nunca volvió a fumar. Y aunque la enfermedad pulmonar que contrajo no estaba directamente vinculada con el fumar, los peligros de tal hábito y el heroico esfuerzo de mi padre por sobrevivir, causaron en mí una gran impresión.

¿Y qué del alcohol? Mi padre me dijo que no debía beber, pero cuando cortaba la hierba o salía de pesca, siempre concluía su día con una o dos cervezas. Desde muy chico, cada vez que visitábamos un restaurante, mi padre ordenaba un martini. La apariencia tan particular de la copa, la aceituna y todo el ambiente que rodeaba dicha experiencia era algo inmensamente atractivo para mi mente infantil.

Al llegar mi momento de decisión frente al alcohol, no podía pensar en una sola persona que no bebiera. Y desde luego, ni pensar en mi padre. En mi vida no había un solo ejemplo que me hablase de *no beber*, por lo tanto, comencé.

Cuando tu hijo cuestiona lo que debe ver, lo que debe hacer con la pornografía que otros chicos le muestran, o lo que debe hacer cuando la hermosa chica lo atrapa a solas y comienza a quitarse la blusa, ¿habrá alguien que hable en su contra? No serán sus amigos. Hasta sus *amigos* de la iglesia le dirán que proceda. Es mejor que *tu* voz retumbe y que sea clara como el cristal, porque es muy probable que esta sea la única voz que susurre a su oído: «Huye de la inmoralidad, hijo mío». Tu *ejemplo* debe ser el argumento que se oponga a la tentación.

Evita la carnalidad

Me estoy esforzando con diligencia para preparar a Jasen para la obra en el Reino de Dios, reconozco que por el momento no tendré amplia participación en el ministerio.

Debo admitir que a veces no entendí por qué esto tenía que ser así. Pero logré una mejor comprensión cuando vi la caída de otros prominentes líderes cristianos, cuando fui testigo del divorcio de dos parejas clave que estuvieron participando en el ministerio de los matrimonios de mi iglesia y cuando sorprendieron a dos de mis pastores en adulterio. Uno de ellos era nuestro pastor titular y a nuestra iglesia le tomó más de una década recuperarse por completo. El otro era un pastor asociado; fui testigo cercano de los resultados de su pecado, ya que formé parte del equipo de recuperación encargado de restaurarlo al ministerio. Recuerdo que pensé cómo, hasta ese momento, realmente yo nunca había entendido la palabra «carnalidad».

En tiempos pasados me sentí irritado por los límites que Dios estableció en mi ministerio, pero ya dejé de sentirme así. Sé que como maestro de una clase prematrimonial en mi iglesia, donde doy clases a treinta parejas cada año, cualquier persona caída en algún pecado desataría ondas de ramificaciones a través de la iglesia. Y desde el principio reconocí que si iba a enseñar la pureza en mi iglesia, tenía que ser fuerte.

Ya es hora

Dios espera para bendecirte.

Tu esposa necesita que des un paso decisivo.

Tus hijos necesitan que rompas con el pecado generacional.

Tu iglesia necesita que sirvas.

¿Estás de acuerdo en considerar que ya es hora?

Qué bueno. Vamos a establecer un plan de batalla. Las compuertas de las lanchas de desembarco comenzaron a abrirse, y ya es tiempo de lanzarte a la conquista.

capítulo 10

Tu plan de batalla

Antes de que comenzáramos a ganar nuestras propias batallas en pro de la pureza, tuvimos varios intentos que terminaron en fracaso, en parte porque no habíamos tomado una verdadera decisión. A medias deseábamos la pureza, y a medias no la deseábamos. No entendíamos al enemigo ni cómo enfrentarlo. Todo lo relacionado con el asunto de la integridad sexual era un misterio.

Digamos que te encuentras en una lancha de desembarco y listo para atacar tu pecado sexual. Tomaste una decisión. Decidiste seguir a tus líderes mientras atacan la playa. Las compuertas de la lancha se abren, das un grito y valientemente te lanzas a la batalla. Pero sin tú saberlo, las engañosas corrientes marítimas crearon un profundo hoyo en la arena precisamente frente a la lancha de desembarque. No tienes la más mínima idea de lo que sucedió, pero de pronto te encuentras sumergido bajo el agua y el peso de tu mochila te hunde hasta el fondo. Te estás ahogando. Tu pelea terminó antes de dar un segundo paso.

El arma más poderosa que Satanás usa en tu contra es precisamente este engaño. Él sabe que Jesús ya compró tu libertad. Él también sabe que luego de ver la sencillez de esta batalla vencerás en poco tiempo, por lo tanto, te engaña y confunde. Por medio del engaño te hace pensar que eres una víctima indefensa, alguien que va a necesitar años de terapia de grupo. Te dice que el pecado sexual es solo parte de ser hombre y que nada podrás hacer al respecto. Te lo hace saber todo sobre la adicción sexual y te hace creer que no eres un adicto sexual, que no estás enganchado al anzuelo, que la vida de obediencia no es para ti. Y tal engaño es solo uno de los medios que usa para derrotarte.

Este capítulo eliminará todo el misterio acerca del enemigo mientras te lanzas a la batalla. En términos prácticos definiremos tu objetivo real y describiremos algunos atributos críticos de tu pecado sexual. Presta mucha atención a estos detalles, porque una vez que des un paso hacia adelante y te involucres en la batalla, la meta es salir como un vencedor.

Tu objetivo en esta guerra

Tu meta es la pureza sexual. Y esta es una buena definición con la cual podemos trabajar, es buena porque es sencilla:

Eres sexualmente puro si no obtienes gratificación sexual de nada o de nadie, excepto de tu esposa.

La pureza significa detener toda gratificación sexual que venga a nosotros desde afuera de nuestro matrimonio. Pero, ¿cómo lo detenemos?

Obtenemos la gratificación sexual que procede desde afuera de solamente dos lugares: los *ojos* y la *mente*. Por lo tanto, para lograr el éxito en la batalla por nuestro perímetro, debemos bloquear las «vías de abastecimiento» de los ojos y de la mente. Aparte de esto, también queremos asegurarnos de tener afectos y actitudes que sean saludables y positivas en la relación con nuestras esposas. En otras palabras, queremos que nuestro *corazón* sea recto.

Esto significa que tu objetivo en la guerra en contra de la lascivia es *edificar tres perímetros de defensa* en tu vida:

1. Con tus ojos.
2. En tu mente.
3. En tu corazón.

Piensa en el primer perímetro (tus ojos) como tu defensa exterior, una pared llena de rótulos que leen: «Manténgase alejado». Dicha pared defiende a tus ojos por pacto (tal y como lo hizo Job: «Yo había convenido con mis ojos no mirar con lujuria a ninguna mujer»), y esto lo haces entrenando tus ojos para que «reboten» de los objetos lascivos. Tus ojos deben rebotar de lo que es sensual y esto es algo que al presente no están haciendo. En la Cuarta Parte te explicaremos esto en detalles.

Con el segundo perímetro (tu mente), no bloqueas tanto los objetos lascivos, más bien los *evalúas* y los *capturas*. Un verso clave que aquí nos sirve de apoyo es 2 Corintios 10:5: *Llevando cautivo todo pensamiento a la obediencia a Cristo.* Debes preparar tu mente para llevar cautivos tus pensamientos, algo que al presente no estás haciendo. En la quinta parte vas a conocer más sobre esto.

Tu tercer objetivo (el cual investigaremos en la sexta parte) es edificar el perímetro de defensa más interno, tu corazón. Este perímetro se edifica por medio del fortalecimiento de tus afectos hacia tu esposa y tu compromiso con las promesas y las deudas que tengas con ella. Tu matrimonio puede fallecer desde adentro si descuidas tu promesa de amar, honrar y proteger a tu esposa. *Honrar y proteger* son tus acciones clave en el proceso de establecer este perímetro de defensa. (Y esto también se aplica si eres soltero: debes honrar y proteger a cada chica con la cual salgas en una cita amorosa, de la misma manera que esperas que cada muchacho honre y proteja a tu futura esposa cuando salga con ella.)

Y ahí está tu plan de batalla. Eso es todo. Nada más, nada menos. Establecer perímetros de defensa y decidir no pecar. Serás libre de la impureza sexual tan pronto se coloquen estos perímetros de defensa. *Sexualmente* llegará el momento en que por fin, tu vida *exterior* igualará la vida *interior* que Dios creó en ti.

Debido a tu extensa lucha con la impureza sexual, este plan de ataque podría parecer demasiado simple para ser efectivo. Pero no importa. Al estudiar los atributos de tu enemigo te darás cuenta que tal sencillez es más que suficiente.

Así que, antes de proceder hacia el tema de cómo edificar los tres perímetros de defensa vamos a eliminar todo el misterio que rodea el pecado sexual, obteniendo mayor comprensión del enemigo para que no nos engañe.

La impureza es un hábito

Algunos podrían pensar que la impureza es genética, como el color de nuestros ojos. *Soy hombre, así que siempre tendré ojos impuros y una mente impura.* Pero no podemos echarle la culpa a la genética de nuestros ojos errantes, aunque no hay duda alguna de que los hombres tienen una orientación mucho más visual que las mujeres. Algunos hombres se consideran víctimas de los ojos y de los pensamientos impuros, como si tal excusa los absolviera de toda responsabilidad.

¿La simple verdad? La impureza es un hábito. *Vive* como un hábito. Cuando te encuentras con una hermosa mujer, tus ojos tienen el mal hábito de mirar hacia ella, deslizándose de arriba abajo. Cuando una llamativa chica pasa por tu lado mientras trota, por costumbre tus ojos corren tras ella. Cuando al buzón de tu casa llega la edición playera de la revista *Deportes Ilustrados*, creas una fantasía por las curvas y lados prominentes de sus cuerpos, acariciando cada una de las imágenes que aparecen en las brillantes páginas.

El hecho de que la impureza no sea otra cosa más que un hábito parece sorprender a muchos hombres. Es como descubrir que el abusador del barrio tiene un frágil mentón, y ya no tienes que huir de él acobardado.

Si la impureza fuera genética o algún hechizo ante el cual caes como víctima estarías indefenso. Pero como la impureza es un hábito, se puede cambiar. Hay esperanza para ti, porque si la misma *vive* como un hábito, también puede *morir* como un hábito. (Nosotros creemos que esto puede suceder en espacio de seis semanas.)

Esta es una gran noticia, ya que romper un hábito es terreno familiar, y esto no es nada misterioso. Todos hemos lidiado con malos hábitos. ¿Y qué haces con ellos? Simplemente los reemplazas con nuevos y mejores hábitos. Eso es todo. Si de un mes a seis semanas logras enfocarte bien en la práctica de este nuevo hábito, muy pronto el antiguo hábito te parecerá poco natural.

Para la mayoría de los hombres la impureza sexual no es una «enfermedad» ni un «desequilibrio». Nuestros ojos aman lo sexual, y los malos hábitos nacen de nuestra masculinidad. Tenemos el mal hábito de ir en busca de emociones baratas por cualquier tenebrosa esquina con la que tropecemos. Por hábito hemos escogido el camino errado, y ahora por hábito debemos escoger el camino correcto.

No malinterpretes. No estamos diciendo que tus hábitos no estén relacionados con tus emociones o circunstancias. Glen nos dijo: «Mi pecado sexual llegaba a su peor punto cuando me encontraba bajo la presión de cumplir con una fecha límite en el trabajo, y especialmente si mi esposa y yo peleábamos y me sentía poco amado o sentía que no apreciaban mis esfuerzos. En tales ocasiones, me parecía sentirme obligado a pecar sexualmente y no podía decir que no. Francamente hablando, nunca pensé que esto cambiaría con el simple hecho de cambiar los hábitos de mis ojos. ¿Pero sabes una cosa? Una vez que tomé control de mis ojos, las mismas fechas límites y las peleas dejaron de subyugarme sexualmente. Poco a poco mi impureza comenzó a menguar por sí sola».

En el caso de Glen, las tensiones relacionadas con su trabajo y la falta de aceptación no eran la principal causa de su impureza sexual. La impureza sexual era simplemente un medio que él usaba para lidiar con estas emociones y circunstancias. En resumen, corría hacia la impureza como un medio de escape. Pero cuando se deshizo de la impureza sexual comenzó a procesar estas situaciones de manera muy diferente.

El hábito es automático

La impureza no solo vive como un hábito, también *funciona* como un hábito. Lo mismo es cierto de la *pureza; funciona* como un hábito.

¿Qué queremos decir con esto?

Una vez que se establece el hábito en nuestra vida, nos olvidamos de él. El hábito hará lo suyo sin mucho esfuerzo consciente, casi sin pensarlo, permitiéndonos de esta manera enfocar toda nuestra atención en otras cosas. Por ejemplo, todos tenemos una manera habitual de levantarnos por la mañana. Muchos nos levantamos de la cama con gran lentitud, nos lavamos los dientes, tomamos una ducha, nos vestimos y a la 7:10 de la mañana desayunamos junto con los chicos el mismo cereal de siempre. Ni tan siquiera pensamos en lo que estamos haciendo. ¡Esta rutina matutina la podríamos llevar a cabo dormidos y, por lo general, es así como lo hacemos!

Mientras que la impureza sexual trabaja como un *mal* hábito, la *pureza* sexual trabaja como un *buen* hábito.

Esto debe ánimarte. Al emprender la lucha en contra de la impureza, la agobiante batalla podría llevarte a decir: «No puedo pasar toda la vida trabajando tanto para lograr una vida de pureza». Pero si te mantienes firme durante un poco más de tiempo, el hábito de la pureza se afirmará en tu vida, y peleará a tu favor, requiriendo menos esfuerzo consciente.

En este momento tus hábitos impuros se aferran sin querer soltar; pecas sin pensarlo. Por ejemplo, tus ojos rebotan hacia cualquier falda corta que decide pasar cerca de ti. Sin pensarlo, tus malos hábitos se activan. Pero con el hábito de la pureza firmemente establecido, cuando el vestido de una mujer se eleva a causa de un fuerte viento que sopla, automáticamente cambias la vista sin pensarlo. Si desearas echar un vistazo, tendrías que forzar tus ojos para que lo hicieran.

De Fred: forzar una mirada

¿Difícil de imaginar? Entonces considera esta breve historia.

Después de entrenar mis ojos para que miraran hacia otro lado, un día estaba junto a mi esposa tomando baños de sol en una playa en la Florida. Brenda me llamó la atención hacia una mujer que se acercaba vistiendo un biquini. «¡Fred, mira eso! ¡No lo vas a creer!»

Me voltee para mirar, pero lo cierto es que inicialmente no podía hacerlo. Los buenos hábitos se afirmaron a tal grado que tuve que forzar mis ojos para que mirasen.

«¡Es demasiado vieja para estar usando eso!», dijo Brenda refiriéndose a la señora que debió tener más de sesenta años de edad. No estoy seguro de lo que más me sorprendió: forzar mis ojos para que miraran a la mujer que vestía un biquini, o ver a alguien de edad tan avanzada vistiendo algo tan diminuto.

La impureza pelea como una adicción

La impureza de los ojos y de la mente vive como un hábito, pero *pelea* como una adicción. Muchos hábitos son adictivos. Los fumadores sienten el deseo de fumar. Los usuarios de drogas sienten escalofríos. Los alcohólicos padecen temblores.

Para vencer algunas adicciones, el recurso adictivo se puede reducir gradualmente. Para otros, el mejor método es romper el hábito en frío. ¿Qué funciona mejor con la impureza sexual? Romper en frío. No puedes hacerlo poco a poco. Eso ya lo intentamos. No funcionó, porque nos dimos cuenta que nuestras mentes y ojos eran demasiado engañosos y tramposos. Al hacerlo poco a poco, cualquier impureza que *permitas* en tu vida parece multiplicarse en su impacto, y no podrás romper el hábito. Además, hacerlo poco a poco también trae consigo la posibilidad de una «orgía sexual» que podría durar varios días.

Esto destruye tu espíritu. «Yo solía tratar de detener mi pecado sexual, sin realmente entender contra qué estaba batallando», dijo Cliff. «Podía morderme los labios y portarme bien durante un tiempo, pero de pronto, quizá porque recientemente no había tenido relaciones o por causa de algún pensamiento lascivo que tomaba ventaja de mí, terminaba masturbándome. Entonces me decía: "Pues si ya fallaste, por qué no fallar en grande". Durante las próximas dos semanas me masturbaba dos o tres veces al día, antes de recuperar las suficientes fuerzas para comenzar a luchar otra vez. No puedo contar las veces que caí en un desenfreno similar».

Romper el hábito en frío es imprescindible. Pero ¿cómo hacerlo? Privando tus ojos de todas las cosas sensuales aparte de tu esposa. Para los solteros, esto significa quitar tus ojos de todas las cosas sensuales. Esto te ayudará a vencer el deseo de tener relaciones prematrimoniales con las mujeres con quienes sales en citas amorosas. Si privas tus ojos de igual manera que lo hacen los hombres casados, verás a la chica con la que sales como una persona y no como un objeto.

Te enseñaremos a mantener tus ojos alejados en la Cuarta Parte, pero por ahora, reconoce que puedes esperar un interno «deseo de fracasar». Has estado acostumbrado a satisfacer una porción de tu hambre sexual a través de tus ojos, en cualquier momento y en cualquier lugar que lo desees. Tu cuerpo peleará por volver a experimentar estos altos niveles. A medida que avanzas en la pureza, esa parte de tu hambre sexual, que una vez alimentaron tus ojos, permanecerá sin que la alimentes y no desaparecerá así porque sí. Esta insaciable hambre correrá hacia la única alacena que hay disponible en tu vida: tu esposa. En el próximo capítulo vamos a considerar con más detalles cómo esto redundará en la satisfacción de ambos.

Posesión y opresión espiritual

Ya que hemos comenzado a dialogar sobre el papel que tiene Satanás en nuestra lucha contra la impureza, vamos a considerar si la impureza sexual representa algún tipo de posesión demoníaca.

El demonio no te posee cuando la impureza corre sin control en tu vida, ni tampoco necesitas un exorcismo. Aunque a veces te sientes como si dentro de ti hubiera un duendecillo maligno que te impulsa hacia el pecado, estos son simplemente las compulsiones de tus hormonas y malos hábitos. Solo estás fuera de control y debes someterlo todo bajo el dominio de tu espíritu regenerado. Aunque no hay *posesión* espiritual involucrada, sí podría haber presente un elemento de *opresión* espiritual.

De Fred: Punto decisivo

En mi caso personal, sé tú el juez:

Casi al terminar las seis semanas de prueba desde que comencé a romper el hábito, tuve un sueño muy sensual y violento. Me tentaban sexualmente de manera muy atractiva y, sin embargo, por primera vez en un sueño pude decir: «No, no lo haré». (Sabes que estás cerca de lograr la victoria cuando, hasta en la libertad de tu estado soñoliento, tu mente subconsciente decide a favor de la pureza.) Entonces llegó el violento combate mano a mano y exclamé en voz alta: «¡En el nombre de Jesús te voy a derrotar!»

Y al decir las palabras «En el nombre de Jesús», la batalla se tornó a mi favor. Pero cuando decía las palabras «Yo te voy a derrotar», la batalla se tornaba violentamente en mi contra, porque carecía de poder propio. En un acto de desesperación clamé todos los nombres de Jesús que podía recordar. De pronto desperté alabando a Dios en voz alta. Era un día domingo por la mañana.

Varias horas después, por primera vez adoré libremente en la iglesia durante todo el servicio. Las alabanzas continuaron brotando de lo profundo de mi corazón durante el resto del día, la noche y el siguiente día. Para alguien que había sentido tal distanciamiento de Dios durante tanto tiempo, esta sensación era gloriosa.

¿La explicación? Estoy convencido de que aquella noche se destruyó una opresión espiritual en mi vida, aunque no puedo ser dogmático al respecto. Nunca he sido de los que ven a Satanás detrás de cada piedra. Lo único que sé es que, antes de esa noche, nunca había podido adorar con libertad. Pero después de aquella noche, la adoración ha fluido con facilidad y sigue siendo así hasta el día de hoy.

La pureza siempre trae oposición espiritual

Aunque tal vez en tu lucha no haya *opresión* espiritual, siempre habrá *oposición* espiritual. El enemigo siempre está cerca de tu oído. Él no quiere que ganes esta pelea y conoce cuáles son las mentiras que tan a menudo quebrantan la confianza de los hombres y su voluntad de vencer. Espera escuchar las mentiras y bastante de ellas.

Lo que te hemos dicho es la verdad. Hay paz y tranquilidad esperándote al otro lado de esta guerra. Hay ganancia espiritual inmensurable. El engañador te dirá que Steve Arterburn y Fred Stoeker están locos y que si te dejas llevar por sus ideas, muy pronto estarás igual de loco.

Para ayudarte a reconocer las mentiras de Satanás cuando las escuches, incluimos a continuación una lista de algunas de ellas. (Después de cada mentira pondremos la verdad.)

Satanás: «Tú eres el único que está lidiando con este problema. Si alguien se entera, ¡serás el hazme reír de la iglesia!»

La verdad: La mayoría de los hombres lidian con este problema y, por lo tanto, nadie se reirá.

Satanás: «Fracasaste otra vez. Nunca podrás controlar tus ojos. Es imposible».

La verdad: No es imposible. Job entrenó sus ojos, ¿no es así? Él era un hombre igual que tú.

Satanás: «¡Eres tan legalista! La ley está muerta y solo trae muerte».

La verdad: Todavía Dios tiene normas de comportamiento para nosotros, y tú eres responsable de vivir puramente según sus normas».

Satanás: «¡Vamos hombre! No seas tan tonto. Este "plan" para cambiar tus hábitos nunca funcionará».

La verdad: El plan sí funcionará, porque para la mayoría de los hombres el problema de la impureza sexual no es otra cosa que malas decisiones que se convirtieron en malos hábitos.

Satanás: «¿Por qué pelear una batalla tan costosa cuando el precio de tu impureza es tan mínimo».

La verdad: No siempre puedes verlo, pero el precio de tu pecado siempre es más grande de lo que piensas.

Satanás: «¿Por qué vivir en ese estado de alerta durante el resto de tu vida? Ríndete ahora y te dejaré tranquilo».

La verdad: Es posible que Satanás cumpla su palabra y te deje tranquilo, pero aunque lo haga, las leyes para sembrar y cosechar todavía van a requerir de ti el pago que corresponde. No puedes evitar el costo de la impureza sexual. Es mejor pelear.

Satanás: «Ahora te vas a sentir raro en situaciones de negocio, especialmente con las mujeres. Te vas a sentir fuera de ambiente y perderás negocios».

La Verdad: No, no te vas a sentir fuera de ambiente en situaciones de negocio. Te sentirás más tranquilo que nunca.

La masturbación: Un síntoma, no la raíz

Si tu impureza sexual incluye la masturbación, como les sucede a muchos hombres, entonces entre las tácticas engañosas del enemigo está el argumento de que la masturbación es la raíz de tu problema, o que te lo causa algún dolor psicológico de tu pasado. Vamos a confrontar directamente estos asuntos.

Lo expresaremos claramente: La masturbación es un síntoma de los ojos descontrolados y los pensamientos desenfrenados. Cuando establezcas los nuevos hábitos de hacer rebotar tus ojos y llevar cautivo tus pensamientos, cesará la masturbación. Hasta entonces, nada pasará. No tiene sentido hacer de la masturbación el blanco de tus ataques, porque no estarás atacando la verdadera causa del problema. Por el contrario, enfócate en los ojos y en la mente.

Mira lo que dice Ed Cole, un pastor que goza de una plataforma de oratoria a nivel nacional:

> La pornografía no solo estimula al lector a crear en su mente una imagen, sino que también los tienta a tener fantasías al respecto. Estas fantasías, por lo general, involucran un acto erótico que solo se puede satisfacer con alguna otra persona o por medio de la masturbación. Luego que una imagen se crea en la mente, esta llega a convertirse en un ídolo. El acto de la masturbación se convierte en un acto de adoración ante dicho ídolo. A la larga, se crea una fortaleza en la mente y se convierte en una trampa.
>
> Algunas personas piensan que soy anticuado por predicar esto, pero continuamente encuentro hombres que perdieron todo sentido de equilibrio por causa de la masturbación habitual. Un hombre preguntó: «¿Y cuántas veces al día considerarías que es habitual?» ¡Y esta es suficiente razón para continuar enseñándolo!

La Escritura es silente en cuanto al tema de la masturbación. Algunos hasta podrían presentar su caso y decidir que no hay nada de malo con los episodios aislados de masturbación, cuyo propósito es aliviar la tensión sexual, siempre que lo hagas concentrándote en tu esposa en vez de en una supermodelo y durante períodos de enfermedad o separación. La masturbación desenfrenada, acompañada de la pornografía o de cualquier cosa que encienda tu motor, *siempre* es pecado y crea distanciamiento entre tú y Dios. Si tu deseo es la santidad, tienes que dejar de masturbarte. Excitarte sexualmente usando imágenes aparte de tu esposa, no está bien.

Si deseas ser libre de la masturbación, debes cortar de raíz. ¿Cuáles son las raíces? Que te *estés* quedando corto en cuanto al cumplimiento de las normas divinas, aceptando (a través de tus ojos y de tu mente) mucho más que un simple indicio de inmoralidad en tu vida.

Masturbación y dolor psicológico

Un dolor psicológico no causa la masturbación. Algunos hombres argumentan este punto y reclaman que su hábito de masturbación no tiene raíces en la lujuria, sino en algo completamente menos ordinario. A menudo, ese «algo» es una constelación de heridas, rechazos y pérdida de amor en su vida debido a un trauma de la niñez, o a experiencias de crianza inepta de sus padres en años pasados. ¿*Causan* estas heridas la masturbación?

Vamos a tomar una breve prueba de Verdadero-Falso. ¿Cuáles de las siguientes declaraciones son verdaderas?

1. *Primero* los hombres deben lidiar con la herida antes que puedan liberarse de la masturbación.
2. Ya que el rechazo causa la masturbación, entonces el rechazo y la masturbación *siempre deben* coexistir juntos.
3. La masturbación puede existir en un hombre aunque no tenga impureza de los ojos ni de la mente.

Ninguna de estas declaraciones es verdadera. He aquí la realidad de esta situación:

1. No es cierto que primero tengas que lidiar con la herida. Puedes ser libre de la masturbación sin jamás curarte de la herida.
2. Tanto el rechazo como la masturbación pueden existir sin el otro en la vida de una persona.
3. La masturbación necesita del preámbulo de los ojos y la mente impura para existir.

Y preguntas: «¿Por qué entonces la masturbación y el dolor psicológico aparecen juntos y tan a menudo?»

Porque a causa del rechazo y la pérdida de algún amor, el hombre comienza a buscar su amor perdido en todos los lugares equivocados. Y en esta búsqueda, ¿dónde se encuentra el camino de menor resistencia? Una amante simulada, una amante pornográfica con una sonrisa permanente. Una amante que nunca dice no, una que nunca te rechaza. Una que nunca te abandona y que siempre es discreta. Una que apoya el ego del hombre en medio de las dudas sobre sí mismo. Una que siempre dice: «Todo va a estar bien», no importa cuán difícil sea el problema que enfrentas. Esta senda es una senda escogida, una senda que se hace disponible por medio de los ojos impuros que le echan carbón a la fiebre sexual y que proveen una fuente inagotable de donde extraer a las amantes.

La razón por la cual coexisten tan a menudo el rechazo y la masturbación es debido a nuestra «masculinidad» y la habilidad tan fácil de extraer verdadera gratificación sexual a través de nuestros ojos. Los ojos masculinos nos proveen el *medio* para pecar ampliamente y cuando lo deseemos. Entonces, debido a que los hombres reciben su intimidad de los actos precisamente antes y durante el coito, la masturbación trae un verdadero sentido de intimidad y aceptación. Esta intimidad alivia la herida y el rechazo. Esta intimidad se obtiene con más facilidad y sin riesgo, mucho más fácil que en un bar o burdel. En efecto, se obtiene con más facilidad que con una esposa que podría decir que no cuando te encuentres más necesitado de intimidad. Es por eso que los hombres escogen masturbarse tan a menudo.

¿Y qué si los medios que te llevan a pecar se eliminan mediante el entrenamiento de tus ojos? La masturbación deja de ser el camino de menor resistencia. Él comenzará a buscar amor en otras partes. Y con optimismo esperamos que a la larga lidiará con el rechazo mismo. ¿Pero y la masturbación? La masturbación desaparecerá. Y la herida se manifestará en alguna otra manera. Los hombres no son víctimas de la masturbación sencillamente porque fueron víctimas de un trauma emocional. Sino porque eligen serlo.

No te dejes engañar. Te puedes liberar de la masturbación, a pesar de un dolor pasado.

La responsabilidad y tu esposa

Al concluir este capítulo y prepararnos para concentrarnos en la Cuarta Parte, y en el primero de los tres perímetros de la defensa, vamos a examinar un par de asuntos especiales.

El primer asunto es la responsabilidad. Para muchos hombres que están dispuestos a pelear por la pureza sexual, un paso importante es hallar el apoyo responsable en un grupo de estudio bíblico para hombres o en un grupo más pequeño de uno o dos hombres que sirvan de compañeros responsables o participar en un programa de asesoramiento.

Para un compañero a quien rendir cuentas, elige un amigo varón, quizá alguien mayor que tú y muy respetado en la iglesia, para que te anime en medio de la lucha. El ministerio de los hombres de tu iglesia también podría ayudarte a encontrar a alguien que ore por ti y te haga preguntas fuertes.

Lo siguiente es un ejemplo de cómo podría ser esto: Digamos que Nathan está en busca de un compañero ante quien rendir cuentas por su comportamiento. Ron, un antiguo creyente y hombre experimentado en este aspecto, recibe la petición de ayudar a Nathan. Ron llama a Nathan para hablar.

Ron pregunta:

—¿Cómo te va, Nathan? (Ambos saben que se refiere a la masturbación.)

—Me amparo en mi derecho constitucional de no testificar en mi contra —responde Nathan

—Ay, ay, ay. Vamos, háblame.

—Durante las últimas dos semanas ha estado sucediendo cada dos días.

—¿Estás leyendo la Biblia? —pregunta Ron.

—Sí.

—¿Estás orando?

—Sí.

—Entonces, ¿cuál es el problema?

—Demasiada televisión —responde Nathan—. Muchos programas con contenido sexual explícito.

Después de esta conversación, Ron comienza a comunicarse a diario con Nathan debido a que el problema aumentó y requiere más comunicación. Unas veces Nathan necesita que lo animen. Otras necesita que lo reten para hacer lo debido. No obstante, al final todo depende de que Nathan tome la decisión de ganar, una decisión a favor de la pureza. Rendir cuentas solo funciona si viene acompañado del firme compromiso de querer ganar.

Sin embargo, permítenos hacerte una advertencia respecto a cómo reclutar a tu esposa para que sea la compañera a quien vas a rendir cuentas. No hay forma alguna de que la mayoría de los hombres sean sinceros con sus esposas en algo tan personal como lo es la vida de pensamientos y los hábitos de la masturbación.

De Fred: Díselo a tu esposa

Esto nos hace considerar el asunto de cuánto debe tu esposa conocer sobre tu lucha. Al ir aumentando tu comprensión de la pureza sexual, la victoria parecerá una posibilidad. A medida que se incrementan las esperanzas, quizá desees decirle a tu esposa la lucha con la impureza, para que ella, tu querida y amada esposa, pueda ayudarte a vencer. Pero no te apresures demasiado. Recuerda que nuestros hábitos están arraigados en nuestra masculinidad. *Nosotros* lo entendemos. Las mujeres no. Casi sin duda alguna, las mujeres que escuchan sobre tu impureza sexual pensarán que eres un pervertido.

En cierta ocasión Brenda y yo estábamos hablando acerca de la caída en adulterio de un prominente predicador de la televisión. Ella dijo: «Si fuera mi esposo, no toleraría estar a su alrededor. ¡Me daría asco!»

¡Cielos! Brenda no era nada tímida con sus palabras. Pero al día siguiente la trama dio un repentino giro cuando de nuevo abordó el tema. Me dijo que sentía pena por la desgracia del predicador, porque a solas había estado luchando desesperadamente en contra de un pecado secreto. Brenda sentía que si su esposa lo hubiera sabido, ella lo podría haber ayudado en oración.

Me dijo: «Fred, si tuvieras un problema similar ¿acudirías a mí y me lo dirías? ¡Me gustaría estar orando por ti y ayudarte!»

Comencé a reírme a carcajadas. «Yo nunca podría decirte una cosa como esa», le dije. «Ayer mismo dijiste que todo el asunto te causaba completa repulsión. ¡Si en algún momento te enteraras de algo así, me sentiría como si quisieras que me arrojaran en medio de una colonia de leprosos!»

Sé que en este punto algunos hombres no estarían de acuerdo conmigo y no habría nada de malo en eso porque ustedes conocen a sus esposas mejor que yo. Pero la mayoría de las esposas reaccionarían con sorpresa y rechazo en lugar de misericordia y oración.

Además, ¿cómo reaccionaría ella contigo si se enterara que abandonaste la batalla, lo que estarás tentado a hacer, especialmente durante las primeras semanas? Antes de decírselo es mejor que te asegures de cuán firme es tu voluntad para ganar cuando te encuentres en medio de lo más difícil de la batalla. Si piensas que pasará un buen tiempo antes de que en verdad, sin duda alguna, quieras ganar, entonces es mejor que esperes para decírselo porque ella te estará observando.

Hace poco Brenda me dijo que aunque han pasado tantos años, a veces mira mis ojos cuando pasamos una cartelera, solo para verificar cómo me encuentro. Con los buenos hábitos firmemente establecidos, no le he fallado, pero ¿quien necesita exponerse a tal presión especialmente si no estás listo para ello?

Una vez que estés seguro de que odias tu pecado y que estás listo para cambiar, entonces puedes decírselo a tu esposa. Para ese entonces, de todas maneras ella va a sospechar algo, ya que todas tus energías sexuales estarán concentradas en tu esposa.

Luego de pasar por esta lucha, sé que hay varias cosas prácticas que tu esposa puede hacer para ayudarte. Primero, ella puede ser para ti como una dosis de metadona cuando tu temperatura se eleve. Segundo, cuando estés buscando un nuevo equilibrio sexual con ella, es obviamente provechoso que sepa lo que está sucediendo. Tercero, después que tu esposa entienda tus ojos, no te volverá a pedir que te sientes con ella para ver un partido de voleibol playero femenino, cuando estés rompiendo tu hábito.

Alivio para los solteros

Para dar punto final vamos a explorar cómo funciona el plan de batalla, particularmente para los solteros. Una razón por la que los solteros pueden tropezar en su búsqueda de la pureza es porque se sienten que están en desventaja. Es por eso que con prontitud dicen: «Para ustedes es fácil hablar sobre la pureza sexual, ¡ustedes están casados!» Previamente eliminamos el matrimonio como una respuesta adecuada sobre los problemas de pureza, pero la pregunta para los solteros sigue siendo la siguiente: ¿Qué vas a hacer con toda la presión sexual que a veces sientes?

En primer lugar, debes aceptar por fe que una vez hayas tomado control de tus ojos y de tu mente, la presión sexual disminuirá dramáticamente. La mayoría de la presión sexual te la echas sobre ti mismo por medio del estímulo sensual visual y la fantasía mental.

Aun así, permanece el ciclo masculino de setenta y dos horas de producción de esperma. Sin la impureza de los ojos, la presión generada por la lujuria desaparece, pero todavía existe la presión física natural por un alivio, aunque es más débil. «¿Y qué voy a hacer al respecto?» te podrías preguntar. «¿Cómo lograré tal alivio?»

Dios ha provisto el medio de alivio, con lo cual ya estás familiarizado. El término clínico es «emisiones nocturnas». Pero en un sitio, quién sabe dónde, en un húmedo y maloliente vestidor, un chico cualquiera decidió llamarlo un «sueño mojado», y el nombre pegó. Las buenas noticias para los solteros son que las emisiones nocturnas pueden trabajar a tu favor en el andar hacia la pureza. (También pueden trabajar a favor de los hombres casados cuya vida sexual no es tan activa como quisieran.) Podrías preguntarte cómo es que tales sueños trabajarán hacia la pureza. Después de todo, ¡algunos de estos sueños son bastante ardientes y fuertes! Pero lo cierto es que esos aspectos fuertes y apasionados proceden de lo que estás colocando en tu mente cada día. Los mismos ojos y mente que te impiden procurar *activamente* un alivio durante el día, limitarán la impureza que tu mente puede usar en los sueños al anochecer. Hasta estos sueños serán extraordinariamente más puros en alcance y contenido.

Tu meta desde ahora

Ahora que tomaste una decisión a favor de la pureza sexual, puedes ver como nunca antes por qué es peligroso no eliminar de nuestra vida todo indicio de inmoralidad sexual. El sensualismo visual de la vestimenta, las películas, los comerciales indecorosos y todo lo demás, alimentarán tus ojos y te encenderán sexualmente. La naturaleza adictiva de las respuestas químicas en los centros de placer de tu cerebro, hila fuertes cuerdas de esclavitud.

Para romper dichas cuerdas debes eliminar las imágenes sensuales a través de los ojos y la mente. Esa es tu meta y el resto del libro está dedicado a mostrarte cómo hacerlo.

Querido hermano, pon al enemigo en la mirilla. Ya es hora.

Del corazón de una mujer

Una vez que tu esposo se involucre en la batalla por la integridad sexual, puedes orar por él en cuanto algunas de estas cosas:

1. *Ora para que Dios lo ayude a mantenerse firme y sin tropezar.* Pídele a Dios que ponga más luz en su camino y más valentía en cada paso que da.

2. *Ora en contra de toda oposición en forma de mentiras.* Como bien sabes, Satanás le va a mentir con el propósito de debilitar su voluntad en cuanto a desear ganar la victoria. Ora para que los esfuerzos de Satanás por confundirlo sean inefectivos.
3. *Ora en contra de la posible opresión espiritual.* Ruégale a Dios que libere poder para romper cualquier opresión espiritual, como resultado de su pecado sexual, sobre sus vidas y sobre su hogar.

Junto con la oración hay otras maneras en que puedes ayudarlo a ganar esta batalla. Una vez que él te informe que piensa dejar su hábito, debes ser como un misericordioso frasco vial de metadona. Aumenta tu disponibilidad sexual, aunque tal vez te sea difícil, ya que es posible que tu esposo te haya dicho algunas cosas que te causen repulsión. Ya que como mujer, tu impulso sexual está ligado a la relación es posible que te sientas traicionada, igual que si tu esposo hubiera tenido una verdadera aventura amorosa.

Te aprovecharía si lo visualizaras desde una perspectiva masculina, donde «relación» y «sexualidad» no están vinculadas de una manera tan estrecha. Por favor, no nos malinterpretes. Su lascivia fue sin duda alguna una traición moral, pero no fue necesariamente una traición del corazón. Todavía podrías seguir siendo su único amor, el que jamás podría dejar. Él tiene una adicción fraccionaria a los niveles químicos elevados, pero no supongas que sus sentimientos hacia ti no son verdaderos. Es probable que la misericordia sea tu mejor forma de abordar el problema, junto con rendir cuentas, por supuesto.

Otro asunto: ¿Crees que como esposa Dios te dio la responsabilidad de ser un ejemplo de piedad y santidad para tu esposo? Recibimos comentarios muy interesantes a esta pregunta.

Algunas mujeres consideran que dar ejemplo de piedad frente a sus esposos no es su papel. Cathy dijo: «Mi responsabilidad es amarlo, y eso se manifestará en mi vida de santidad. Pero creo que el ejemplo de responsabilidad es primordialmente suyo, ya que él es el líder de nuestro hogar».

No estamos en desacuerdo con la última declaración de Cathy, pero queremos señalar que como eres una sola carne con tu esposo, tienes el derecho, y hasta el deber, de ejercer dicho papel de igual manera.

Si una esposa actúa como ejemplo digno de ser imitado, ¿cómo debería manifestarse en el diario vivir?

Heather dijo: «Mi primera responsabilidad como ejemplo digno de ser imitado es permanecer pura y sexualmente fiel a mi esposo, de la misma forma que espero que él lo haga».

Wendy dijo: «Yo no trato de hacer que Mark participe en cosas que ambos sabemos que están mal, como mirar películas sensuales. No hago cosas que para él podrían ser una piedra de tropiezo, como dejar a la vista los catálogos de ropa interior *Victoria's Secret*».

Muchas mujeres sienten que ellas se interesan más por la santidad que sus esposos. (Como hombres, esto redunda en nuestra vergüenza.) Andrea dijo: «Recientemente, a través de la predicación de varios hombres y una conferencia de adoración a la que asistí hace un año, me encontré con Dios de una nueva manera y durante este último año cambié más que en ningún otro momento en el pasado. Dios me dio un deseo profundo de purificar mi vida y mi hogar. A veces, sin embargo, resulta frustrante porque hay muchas cosas que deseo cambiar, pero encuentro resistencia de parte de mi esposo. Él es un creyente maravilloso, pero hace poco hablando con mi hermana, llegamos a la conclusión de que entre los hombres existe la tendencia de desairar todo intento de las mujeres por purificar nuestros hogares. Por ejemplo, ya no me siento cómoda con cierto tipo de películas. No me gusta verlas ni tampoco me gusta que mis hijos las vean. Pero en vez de dar la impresión de ser una legalista santurrona, Dios me ayudó a mantener la boca cerrada después de expresar mi preocupación y en su lugar orar respecto a dicha situación y por mi esposo».

Cathy añadió: «Nunca pensé tener más interés que mi esposo por la santidad, pero creo que le he dedicado más energías que él. Quizá sea más fácil para una mujer; no lo sé. Si él parece estar luchando en cierta área y lo confronto o trato de ejercer liderazgo, el efecto es mucho menor que cuando oro y ayuno por él».

Cuarta Parte

Victoria con tus ojos

capítulo 11

Aparta la vista

Para establecer tu primer perímetro de defensa con tus ojos, tendrás que usar las estrategias de *apartar* y *alimentar* tu vista, así como la táctica de tomar tu «espada» y un «escudo».

En primer lugar vamos a considerar la estrategia de apartar tus ojos. Puedes ganar esta batalla si entrenas tus ojos para que se aparten de las imágenes de hermosas mujeres e imágenes sensuales. Si logras hacerlo durante seis semanas consecutivas, puedes ganar la guerra.

El problema es que tus ojos siempre se dirigían hacia lo sexual y no hiciste ningún intento por controlar este hábito. Para combatirlo tienes que desarrollar una acción reflejo al entrenar tus ojos para que inmediatamente se aparten de todo lo sexual, igual que el rápido movimiento de una mano cuando toca una hornilla caliente.

Vamos a repetir este punto para destacarlo: Cuando tus ojos se dirijan hacia una mujer, debes cambiar la mirada *inmediatamente.*

Pero, ¿por qué debe ocurrir de inmediato? Tal vez digas: Después de todo, una mirada no es lo mismo que la lascivia.

Si definimos «lascivia» como mirar fijamente con la boca abierta hasta que la saliva se acumule a tus pies, entonces una mirada no es lo mismo que la lascivia. Pero si definimos la lascivia como cualquier mirada que produce ese elevado nivel químico, ese pequeño estallido, entonces tenemos algo que es un poco más difícil de medir. Este elevado nivel químico ocurre con mayor rapidez de lo que piensas.

En nuestra experiencia, colocar el límite *«inmediatamente»*, es claro y fácil de entender para la mente y los ojos. Esta «línea en la arena» parece dar buenos resultados.

Entonces, ¿cómo ponemos en práctica este nuevo reflejo?

Para comenzar, el hábito de lo que tus ojos miran no es diferente a cualquier otro hábito. Y como los expertos dicen que cualquier cosa que uno haga constantemente durante veintiún días se convierte en un nuevo hábito, debes buscar alguna forma de apartar tus ojos constantemente.

Tus tácticas

Cuando comiences a cambiar la mirada, tu cuerpo peleará en contra tuya, de maneras peculiares e inesperadas. El pecado sexual posee una naturaleza adictiva y tu cuerpo no va a querer ceder a sus placeres. Tendrás que responder de maneras creativas en tu camino hacia la pureza y esto lo logras por medio de dos pasos lógicos:

1. Analízate. ¿Cómo y dónde te atacan mayormente?
2. Define tu defensa para cada uno de los principales enemigos que identificaste.

Tu primer paso consiste en identificar y enumerar tus «mayores enemigos». Aparte de tu esposa, ¿cuáles son las fuentes de imágenes sensuales más obvias y prolíficas? ¿Adónde acudes con más frecuencia? ¿Dónde están tus debilidades?

De Fred: mis mayores enemigos

No tuve mayores problemas a la hora de hacer una lista de mis seis principales esferas de debilidades.

1. Anuncios de ropa interior femenina.
2. Trotadoras femeninas vistiendo apretados pantalones cortos.
3. Carteleras anunciando mujeres ligeramente vestidas.
4. Comerciales de cerveza y biquinis.
5. Películas clasificadas PG-13 (para personas de trece años en adelante)

6. Recepcionistas con reveladores escotes o blusas apretadas.

¿Cuáles son tus esferas principales de debilidad? Al escogerlas, recuerda que deben ser esferas de las cuales obtienes satisfacción sexual *visualmente*.

Para esta lista algunos cometen el error de escoger debilidades no visuales. Por ejemplo, inicialmente Justin incluyó en su lista estos tres:

1. Duchas.
2. Estar solo en casa.
3. Trabajar tarde.

Todos podemos entender por qué estos son fastidiosos. En la ducha estás desnudo mientras que el agua tibia corre por tu cuerpo. Si estás solo en tu casa, no hay nadie que pueda descubrirte. Cuando trabajas hasta tarde, sientes lástima de ti mismo y necesitas «consuelo».

Pero estos puntos débiles no deben convertirse en tu objetivo, si es que entrenas tus ojos para que se aparten y eliminen el estímulo visual. Si no alimentas las fantasías mentales, se eliminará la fiebre sexual que lleva tu mente a pecar en tales condiciones. Dichas situaciones perderán su poder con naturalidad.

Define tus defensas

No puedo definir la mejor defensa para tu debilidad, pero permíteme decirte la mía y así podrás tener una mejor idea del proceso.

Anuncios de ropa interior femenina

Los anuncios de ropa interior femenina eran mi peor enemigo y durante bastante tiempo continuaron siendo bastante difíciles de controlar. Con éxito estuve apartando mis ojos en todas las demás esferas, mucho antes de lograr una victoria total en esta. ¿Por qué? Porque las publicaciones que venían incluidas en los periódicos eran, entre todas las imágenes, las de mayor satisfacción sexual, y de vez en cuando me ganaba el premio mayor: una edición de trajes de baño femenino, o una edición de

Consideré su argumento y luego respondí: *Tú sabes, y yo sé, que es muy difícil que eso ocurra.*

El segundo intento de mi cuerpo por detenerme fue uno muy peculiar. Dondequiera que veía una mujer trotando, apartaba la vista por reflejo instintivo, mi mente me engañaba haciéndome creer que conocía a la mujer, incitándome a una segunda mirada. Mi mente era tan diestra en su intento que casi todas las mujeres que veía trotando se parecían a alguna conocida. ¡Esto resultó increíblemente irritante! Me tomó cierto tiempo dejar de caer en este engaño.

Mi cerebro intentó otro truco. Al pasar cerca de la corredora sin mirarla directamente, me relajaba durante un momento. En el mismo instante mi cerebro tomaba ventaja por haber bajado la guardia ordenándole a mis ojos que echaran un vistazo por el espejo retrovisor y le diera una mirada más directa. ¡Eso sí que me enojaba! Tuve que aprender a no bajar la guardia después de pasar por su lado, y a su tiempo ese truco también desapareció.

Cada vez que uno de esos trucos me engañaba, me reprendía muy severamente: «¡Has hecho un pacto con tus ojos! No puedes continuar haciendo lo mismo». Durante las primeras dos semanas debí haber dicho esas mismas palabras un millón de veces, pero la repetida confesión de la verdad, a la larga obró una transformación en mi vida.

Carteleras

Las carteleras son famosas por mostrar mujeres altas, esbeltas y sensuales que parecen susurrar: «¡Anda muchachón, compra este producto y también me podrás llevar a casa contigo!» Sé de una gigantesca cartelera donde se anunciaba una estación de radio, y en primer plano mostraban un par de senos en un pequeño sostén con la frase: «¡Qué pareja!»

Mi mecanismo de defensa, por supuesto, era apartar mis ojos, pero lo llevé un paso más allá recordando dónde estaban localizadas las carteleras en la carretera por la que viajaba. De esa manera me aseguraba de no ser sorprendido al acercarme cada día a ellas en mi auto, o el golpe sería fuerte.

Cuando estaba diseñando mi defensa en contra de las carteleras, pensé en una experiencia que tuve en la escuela superior mientras manejaba una furgoneta. Teníamos un contrato con las aerolíneas de llevar a los pilotos y a las asistentes de vuelo desde el aeropuerto hasta el hotel. El contrato requería que hiciéramos el viaje en diez minutos. En el camino hacia el hotel solo había una ruta que era lo suficientemente corta para cumplir con el límite de los diez minutos, una carretera sin pavimentar y con un millón de baches. Penosamente aprendí sobre la relación directa que existe entre el número de baches en los que caía y el tamaño de mi propina. Así que, memoricé metódicamente cada bache que había en aquella carretera y los ángulos necesarios para no caer en cada uno de ellos. Con el paso del tiempo, casi podía conducir por aquella carretera a ciegas y caer en muy pocos de los baches.

Para mí es siempre más fácil memorizar los locales donde están los carteles, para evitar por completo el contacto visual en lugar de mirar y entonces apartar mis ojos.

Cerveza y comerciales en biquini

Un verdadero hombre no puede ver un programa deportivo de magnitud sin que lo asalten comerciales llenos de mujeres semidesnudas dando cabriolas en una playa y acompañadas de patanes embriagados. ¿Qué puede hacer un hombre?

La respuesta es: ¡mantener dominio del control remoto y apagar los comerciales! La defensa es simple: Todas las mujeres sexualmente atractivas reciben el mismo trato: *Se apagan. Sin misericordia alguna.* Es la mejor manera de hacerlo. Puedes cambiar el canal y regresar al programa en sesenta segundos. (Este método te brinda otra razón para mantener el control remoto alejado de la esposa y los hijos.)

A medida que tus hijos vean que cambias el canal, estarás dando un vivo ejemplo de santidad en tu hogar que será muy significativo.

Películas

En nuestro hogar tenemos una regla excelente. Cualquier película que no sea apropiada para los chicos, es probable que tampoco lo sea para los adultos. Luego de establecer esta regla, las películas sensuales nunca volvieron a ser un problema en nuestro hogar.

No mirar películas sensuales es mucho más difícil cuando te encuentras de viaje y a solas en la habitación de un hotel. Aun así, un cristiano vive como un cristiano aunque no tenga a nadie a su alrededor, incluso cuando estás de viaje y te encuentras solo en una habitación del hotel.

¿Recuerdas la maquinaria de transporte en la serie *Star Trek*?, la que hizo famosa la frase: «¡Scotty, transpórtame!» Tu querrás decir con toda franqueza que si en cualquier momento tu esposa se «transportara» a tu habitación del hotel mientras estás en un viaje de negocio, nunca te encontrará viendo algo impropio.

Con una norma como esa, en mi vida pasada me hubieran atrapado repetidamente. Una vez que fuera las cinco de la tarde y terminara el día de negocios, tenía varias horas disponibles sin nada que hacer. Esto me dejaba muy vulnerable para ver las películas en cable, y ante ellas cedí una y otra vez.

Como defensa establecí ciertas reglas. Probé una variación de la «regla de la motivación» que usé con las revistas. Si eran limpias, me permitía encender el televisor, y por lo general me limitaba al canal de noticias o deportes. El problema es que me aburría y sin pensarlo comenzaba a cambiar los canales.

La «regla de la motivación» dio mejor resultado con las revistas, porque luego de rendir mis derechos a mirarlas, me podía levantar, ir a otro lado y olvidarme de ellas. No podía hacer lo mismo con el televisor en el hotel; todavía tenía que pasar horas a solas en la habitación con la pantalla en blanco devolviéndome la mirada y tentándome.

Así que me negué por completo a tener acceso al televisor en el hotel. Decidí que había perdido mis privilegios y que no podía permitirme encenderlo ni por un rato. ¿Te parece un poco drástico? He conocido hombres que cubren el televisor con una sábana con tal de olvidar que está allí. Otros llaman al vestíbulo del hotel y le piden a la administración que bloqueen todo acceso a las «películas por pagar» semipornográficas. Haz cualquier cosa que tengas que hacer.

Recepcionistas

A veces, cuando entro a un edificio de oficinas, la recepcionista podría encontrase de pie al llegar. Al decirle mi nombre, tiende a inclinarse sobre el teléfono para anunciar mi llegada. A menudo, la ancha blusa de seda se abre revelándolo todo. Nunca se me había ocurrido mirar para otro lado; sencillamente pensaba que era mi día de suerte. Cuando comencé la búsqueda de la pureza en mi vida, esto tenía que parar. La defensa era simple. Antes, cuando entraba y veía a la recepcionista de pie, sabía lo que podía suceder y lo esperaba con ansias. Ahora, uso este mismo conocimiento para ventaja propia. Cuando la veo de pie, cambio la mirada incluso antes de que ella se incline. O si la veo caminando hacia un archivo, cambio la mirada antes de que se doble frente al archivo, dejándome una hermosa vista de su trasero. De todas las debilidades, esta fue la que vencí con mayor facilidad. Ahora miro hacia otro lado de forma natural.

capítulo 12

Deja de alimentar la vista

A medida que estableces tu perímetro de defensa con tus ojos, piensa en otro método estratégico que consiste en *dejar de alimentar* la vista.

De nuevo recuerda nuestra definición de pureza sexual: *Eres sexualmente puro cuando ninguna gratificación sexual procede de nadie o de nada, excepto de tu esposa.* El centro de nuestra lucha es la gratificación sexual.

Vamos a considerar esa gratificación desde otra perspectiva. Como hombre necesitas cierta cantidad de alimento y agua para vivir. Para cada uno de nosotros la cantidad difiere, dependiendo de la genética, el metabolismo y la actividad. Hasta es posible suspender estas necesidades durante un tiempo, como cuando estás ayunando o limitando el consumo de alimentos con el propósito de perder peso.

De manera similar, requieres cierta cantidad de gratificación sexual. Dios podría suspender tu impulso sexual con un don de abstinencia. Y hasta cierto grado puedes ajustar el volumen de gratificación sexual requerido. Al controlar las imágenes sexuales que entran a tus ojos y a tu mente, tu sistema podría acostumbrarse a vivir con menos, pero al final, siempre tendrás cierto volumen de gratificación sexual que necesitas llenar.

Tazones de gratificación

Por desgracia, no existe una unidad de medida, como la pulgada o el litro, para la gratificación sexual. Pero vamos a inventar una, y la llamaremos «tazones». Imagínate que tu nivel presente de apetito sexual requiera diez tazones semanales de gratificación sexual. Estos tazones de gratificación se *deben* llenar de tu única y legítima vasija, la esposa que Dios te dio. Pero como los hombres absorben la gratificación sexual a través de los ojos, sin mayor esfuerzo de nuestra parte podemos llenar nuestros tazones de otras fuentes.

La cultura sensualista en la que vivimos derrama libremente imágenes sexuales con el potencial de llenar nuestros tazones continuamente y para siempre. ¡Nuestros ojos pueden saciarse sin medida! Si tu necesidad sexual es de diez tazones a la semana, con facilidad puedes obtener de la cultura cinco tazones, mientras que solamente obtienes cinco de tu esposa. (Eso no es equivalente a tener relaciones sexuales cinco veces a la semana, porque de muchas otras formas podemos obtener satisfacción sexual de nuestras esposas.)

Aunque esta metáfora de los «tazones» simplifica demasiado los detalles, la misma sirve para aclarar el proceso en nuestra gratificación sexual.

Deja de alimentar los ojos

Para alcanzar la pureza sexual tal y como la hemos definido, debemos privar nuestros ojos de los tazones de gratificación sexual que no procedan de nuestro matrimonio. Cuando dejas de alimentar los ojos y eliminas de tu vida la «actividad sexual basura», vas a desear profundamente el «verdadero alimento», tu esposa. Y no debe sorprenderte. Ella es lo único que hay en la alacena, ¡y tú estás hambriento!

Esta nueva hambre que descubriste la sorprenderá. Ella ha estado acostumbrada a brindarte cinco tazones semanales, primordialmente a través del preámbulo sexual y el coito. Las cosas estaban equilibradas. De pronto, necesitas de ella cinco tazones adicionales. Y sin una razón aparente, duplicas las veces que acudes a ella en busca de relación sexual.

Si de esto se tratara todo el asunto, no sería tan misterioso. Desde la perspectiva femenina, ¡los hombres *siempre* desean más relación sexual de la que tienen! Pero se trata de mucho más que esto. Como ahora tu gratificación visual brota solo de ella, su apariencia te agrada enormemente. Tal vez no la hayas mirado con los mismos ojos desde que eran recién casados. Y aunque para ella esta sensación es vagamente placentera, también podría ser un tanto discorde. Se pregunta: *¿Habrá estado mi esposo tomando afrodisíacos*? Ella no está completamente segura de lo que debe hacer, excepto enviarte fuera de la casa a jugar con los chicos, mientras se desviste en el baño matrimonial.

Y no son tan solo las *miradas.* Cuando estés ganando la batalla, estarás diciendo cosas que no expresaste en años, como por ejemplo: «No puedo esperar hasta esta noche, muñeca». Toda tu creatividad imaginativa florece ahora sobre tu lecho matrimonial y no en un mundo de fantasías. ¡Estarás plenamente enamorado de ella!

Repito, para ella esto es vagamente placentero, pero también se siente preocupada. Tal vez esté pensando: *¿De dónde estarán saliendo estas nuevas ideas*? *¿Habrá tenido una aventura amorosa? ¿Qué está sucediendo?*

Es probable que hasta te pregunte qué está sucediendo, y una vez que sepa lo que se cocina en la olla, ambos van a tener que encontrar un nuevo equilibrio sexual. Los cinco tazones adicionales fuera del matrimonio ahora deben originarse dentro del matrimonio.

De Fred: soportándome

Después de pasar tres semanas sin mirar imágenes sexuales, recuerdo vívidamente cómo Brenda se percató del aumento geométrico de mi deseo por ella. Constantemente le decía lo hermosa que estaba y no dejaba de tocarla, abrazarla y acariciarla. También deseaba tener relaciones con mucha más frecuencia y a medida que el paso seguía acelerándose, Brenda comenzó a pensar que probablemente esta no era una simple etapa por la que yo estaba atravesando.

Un día se llenó de pánico y exclamó: «¿Qué estoy haciendo para parecerte tan atractiva? ¡Tengo que dejar de hacerlo!»

Fue un momento divertidísimo. Le comuniqué lo que me estaba sucediendo y que en realidad no podía contener el aumento del deseo que sentía por ella. «Todos mis deseos están dirigidos a ti y todavía no sé exactamente qué debo hacer al respecto. Te prometo que me esforzaré por regresar a un equilibrio con el que ambos podamos vivir». Brenda no sabía si sentirse aliviada o sorprendida, pero expresó estar dispuesta a darme el tiempo necesario para encontrar dicho equilibrio... y soportarme mientras tanto.

Aquellos días me revelaron con precisión todo lo que le había estado robando a Brenda al mirar películas sensuales clasificadas «R» y hojear los catálogos de ropa interior femenina. Tales cosas brindan más satisfacción sexual de lo que podríamos esperar, aunque Satanás desea que sigas pensando lo contrario.

Cuando un individuo llamado Tom me escuchó hablar sobre quitar todo indicio de pecado sexual de nuestras vidas, me dijo: «Pienso que está definiendo el término pecado sexual demasiado amplio al incluir las películas, los anuncios comerciales en hojas sueltas, las corredoras, y todo lo demás. ¡Esas cosas no son nada!»

Tuve que discrepar. Por lo visto, yo obtenía tanta gratificación sexual de todas estas fuentes «inofensivas» que luego de quitarlas y depositar toda la carga sexual en Brenda, ella lo sintió. A su debido tiempo mi impulso sexual se reorganizó para vivir dentro de los límites establecidos por Dios, pero esto no sucedió hasta que tomé la decisión de privarme de las imágenes sexuales impuras.

Ajustarme a la pureza

Después que rompí mi hábito con las imágenes impuras, encontré que los tazones de gratificación que yo requería no siempre procedían del aumento en la frecuencia de las relaciones sexuales.

Algunos tazones llegaron visualmente, pero solo a través de Brenda. El equilibrio se logró con un ajuste descendiente natural en mi apetito sexual, quizá al disminuir de diez a ocho tazones semanales mientras me ajustaba a mi nueva pureza sexual.

Quizá digas: «Espera un minuto, Fred, ¡disminuir de diez tazones a ocho tazones no parece justo. Yo soy quien sale perdiendo y todo por obedecer a Dios!»

Te garantizo que no saldrás perdiendo. Si todo tu ser sexual se enfoca en tu esposa, el acto sexual con ella se transformará a tal grado que tu nivel de satisfacción superará todas las expectativas. Así es, aunque estés consumiendo menos tazones. Esta es una garantía personal, respaldada por la plenitud de la fe y el crédito y la autoridad de la Palabra de Dios.

Todavía hermosa

Creemos que la historia de Randy podría ayudar a profundizar tu comprensión de esta paradoja. Refiriéndose a su esposa Regina, él nos dijo: «Las cosas llegaron a tal punto que ya ella no me excitaba. En medio del caos de la crianza de los hijos y año tras año asumir toda la responsabilidad con los niños, Regina se convirtió en solo una buena y confiable amiga. En todo momento ella mostró su fidelidad y daba el todo por el todo en medio de las crisis familiares, pero como con cualquier buena amiga, no la encontraba particularmente sensual.

»Pero un día, mientras hacía una entrega en un edificio del centro de la ciudad, al doblar una esquina me encontré cara a cara con una diosa. Joven, con un hermoso y largo cabello negro. Piernas largas, tacones y grandes pechos coronando una minifalda de fina seda. No pude evitar jadear en voz alta. Fue algo verdaderamente vergonzoso. El pecho se me encogió y al instante mi boca se secó. Es posible que hasta me haya tambaleado; no lo sé, pero sentí como si me hubieran noqueado.

»De vez en cuando, durante los próximos días, comencé a pensar en Regina mientras me dirigía en auto hacia el trabajo.

Mi esposa nunca había sido asombrosamente hermosa, ni siquiera de joven. Sin embargo, recuerdo que cuando la vi por primera vez, su aspecto me impresionó mucho ¡y me encendió todos los motores! Me pregunté: *¿Seguía siendo hermosa para mí?*

»Una noche, mientras la observaba preparar los alimentos para la familia, noté que todavía era bastante hermosa. Estaba un poco pasada de peso y su trasero colgaba un tanto al igual que la piel alrededor de sus ojos y cuello. Pero para mí, ella *era* hermosa. ¿Por qué había dejado de apreciar su hermosura?

»Poco tiempo después escuché a Fred hablar en cuanto a dejar de alimentar los ojos. Yo nunca me involucré en el pecado sexual vulgar, pero en realidad tampoco me había preocupado por proteger mis ojos. Veía cualquier película que deseaba y a menudo miraba con mayor detenimiento a las jóvenes en el trabajo. Pero lo cierto es que no pensaba que estas cosas afectaran mi vida. Sin embargo, después de la plática de Fred, comencé a preguntarme si era cierto que no me afectaban. Comencé a prestar más atención a mis ojos y reconocí que estaban recibiendo más gratificación sexual de lo que pensaba.

»Pensé que tal vez esa era la razón por la que había perdido todo apetito por Regina y comencé a controlar mis ojos. ¡No pude creer lo que sucedió! Regina dejó de ser solo una amiga para convertirse en una diosa, por lo menos para mí. Y es simpático, mientras más gratificación obtengo solo de ella, más cambian mis gustos. Los pequeños rollitos de grasa en su espalda y cintura solían molestarme. Ahora, al pasar mis dedos sobre ellos, hasta me excitan. ¿No te parece cosa de locos? Y ese poquito de trasero que le cuelga debajo de la ropa interior, antes solo servía para hacerme notar el peso que había aumentado. Ahora ese pequeño pedacito sencillamente hace estallar mis deseos por ella. Regina no sería una supermodelo, pero yo tampoco soy un galán playero. Sin embargo, para mí, ahora ella es como Señorita América».

La recompensa sexual

Las revistas en los estantes del supermercado podrían leer: «Sus fantasías hacia una mejor vida sexual». El programa televisivo de entrevistas podría decir: «Deja que la variedad mejore tu vida sexual, ¡el adulterio puede ser bueno!» Pero en el Reino de Dios, la obediencia siempre termina en gozo y paz, y en este caso, grandes emociones.

Puedes contar con la recompensa sexual que resulta de la obediencia. No importa que tu esposa sea gruesa o delgada, llena de roscas o suave; cuando enfocas toda tu atención en «tu fuente», comenzarás a verla más hermosa. Sus puntos débiles se convertirán en puntos sensuales, porque son tuyos y solamente tuyos. Son todo lo que tienes y puedes disfrutarlos y apreciarlos, y dejar que te satisfagan.

Quizá esto no deba sorprendernos tanto. Después de todo, las normas de la belleza no son fijas. En siglos pasados los grandes maestros pintores representaron a mujeres gruesas y robustas como la expresión máxima de la belleza. En los años 1920, reinaron las mujeres flacas y con senos planos. En la década de los años 1960, las chicas voluptuosas y de grandes pechos eran las reinas. En 1980 y 1990, las mujeres musculosas y atléticas encendieron nuestros motores. Los hombres se adaptan a cualquier período, sus apetitos se forman de acuerdo con lo que ven, y lo mismo ocurrirá en este nuevo milenio.

Si limitas tus ojos solo para tu esposa, tus gustos se adaptarán a lo que estás viendo. Los puntos fuertes y débiles de tu esposa se convertirán en tus gustos. A la larga, ante tus ojos ella no tendrá comparación.

capítulo 13

Tu espada y escudo

Estas estrategias para apartar los ojos y no alimentar la vista podrían parecer demasiado sencillas. Hasta quizá fáciles de cumplir. Pero no lo son. Satanás pelea en tu contra con sus mentiras, mientras que tu cuerpo pelea en tu contra con los deseos y la fuerza de los malos hábitos atrincherados. Para ganar, necesitas una espada y un escudo. Es probable que de todas las partes del plan de batalla, esta sea la más importante.

Tu espada

Vas a necesitar un buen versículo bíblico para usar como espada y punto para reunir fuerzas.

¿Solo uno? Podría ser provechoso memorizar varios versículos de las Escrituras que hablen sobre la pureza, al mismo tiempo que funcionan para finalmente transformar y lavar la mente. Pero día a día, durante esta guerra fría en contra de la impureza, memorizar varios versículos podría ser tan incómodo como amarrar a tus espaldas una mochila que pesa cien libras durante una lucha mano a mano. No tienes suficiente agilidad.

Es por eso que recomendamos un solo «versículo de ataque», y es mejor que sea uno rápido. Recomendamos la primera parte de Job 31:

> Hice pacto con mis ojos.

Si fallas y miras a una chica que pasa trotando, repite lleno de convicción: «¡No, hice pacto con mis ojos! ¡No puedo hacerlo!» Cuando mires una cartelera donde abundan los pechos, repite: «¡No, hice pacto con mis ojos! ¡No puedo hacerlo!» Esta acción será como un rápido puñal directo al corazón de tu enemigo.

Tu escudo

Tu escudo, un versículo protector en el cual puedes meditar y extraer fuerzas aunque no te encuentres en medio de la ardiente lucha, podría ser hasta más importante que tu espada, porque te aleja de la tentación.

Sugerimos que escojas este versículo como tu escudo:

> Huyan de la inmoralidad sexual .... Ustedes no son sus propios dueños; fueron comprados por un precio. Por tanto, honren con su cuerpo a Dios (1 Corintios 6:18-20, NVI).

Hemos reducido este verso-escudo hasta su punto esencial, y lo hemos repetido durante muchas situaciones tentadoras en las que fuimos confrontados con imágenes o pensamientos sensuales: *No tienes el derecho de mirar tal cosa ni pensar en ella. No tienes la autoridad para hacerlo.*

Un escudo como este te ayudará a pensar correctamente en los verdaderos asuntos involucrados mientras enfrentas la tentación en tu lucha por la pureza. El poder de la tentación de Satanás radica en tu supuesto derecho de tomar ciertas decisiones en cuanto a tu comportamiento. Si no creyeras que tienes tal derecho, ningún poder tentador podría tocarte jamás.

De Fred: Mirar la revista *Playboy*

En cierta ocasión estuve hospedado durante una noche en un hotel y caminé por el pasillo hasta la máquina de hielo. Encima de la máquina había una revista *Playboy.* Al creer que tenía el derecho de escoger mi manera de comportarme, me pregunté lo siguiente: ¿Debo o no mirar esta revista?

Al instante de hacerme la pregunta, me expuse al autoescrutinio. Comencé a discutir conmigo mismo los puntos a favor y los puntos en contra. Pero aun peor, expuse mi corazón al consejo y escrutinio de Satanás. Él deseaba que lo escuchara en cuanto a este asunto.

Usó marrullerías y mintió, mientras mantenía mi mente enfocada en la conversación para que no me diera cuenta de que mi cuerpo se iba deslizando por el canal de la lascivia. Cuando terminó, la única respuesta que yo deseaba escuchar era: «Sí, debes mirar la revista».

Es precisamente ahí donde radica el poder de la tentación. Podrías temer que la tentación sea demasiado fuerte en esta lucha, pero francamente hablando, las tentaciones no tienen poder alguno sin la presencia de nuestras arrogantes preguntas.

Colócate por un momento en mi situación de aquella noche. Estás lejos de tu casa en un viaje de negocios, caminas hacia la máquina con el propósito de llenar el cubo de hielo y te percatas de la revista *Playboy.* Pero tu mente ha estado meditando en tu verso-escudo, las palabras de 1 Corintios 6.

¿Cuál es ahora tu respuesta interna?

Ni siquiera tengo el derecho de considerar si la miro o no. No tengo tal autoridad.

Tal convicción no deja espacio alguno para que los puntos a favor y en contra naveguen engañosamente por tu cerebro. Y en cuanto a Satanás se refiere, como no hiciste ninguna pregunta, ninguna conversación se lleva a cabo con él, una conversación en la que él podría intentar cambiar tu modo de pensar.

Para la mente como también los ojos

Tu espada y escudo ayudarán a fortalecerte no solo para controlar tus ojos, sino también para establecer un perímetro de defensa con tu mente (cosa que exploraremos a fondo en la Quinta Parte).

Veamos este ejemplo: Vas manejando tu auto por una autopista camino a una cita. Ya hace varias semanas que entre tu esposa y tú hay cierto distanciamiento. De pronto, viene a tu mente la imagen de una antigua novia. Nota la gran diferencia en perspectiva entre las dos posibles respuestas que mostraremos a continuación:

1. ¿Debo ahora mismo soñar despierto con mi antigua novia?
2. Ni siquiera tengo el derecho de hacer dicha pregunta, porque no tengo la autoridad de tomar tal decisión.

La primera respuesta implica que tienes la autoridad y el derecho de tomar dicha decisión. La segunda implica que la pregunta misma es discutible.

Nos referimos a esta segunda respuesta como *vivir dentro de nuestros derechos.* Si vivimos dentro de nuestros derechos, nos protegen las leyes de Dios de sembrar y cosechar. Una vez que damos un paso más allá de nuestros derechos, las leyes de sembrar y cosechar obran en nuestra contra. Al robarle la autoridad a nuestro Capitán, nos encontramos en sublevación. Y al instante, nos encontramos al alcance de la voz de Satanás.

Hace poco Ray experimentó cierta confusión respecto a sus derechos. «Hace varios días Jan, mi esposa, y yo tuvimos una gran pelea», dijo él. «Yo estaba mirando a una hermosa chica y dejé escapar un pequeño silbido. Ella se enojó y me dijo que no debía estar mirando a otras mujeres. Bueno, pienso que está bien mirar a otras mujeres. El hecho de no poder ordenar, no significa que no puedo mirar el menú».

Nuestra respuesta: En primer lugar, no creemos que los hombres casados tienen el derecho bíblico de mirar a otras mujeres. Pero cuando una esposa dice sentirse molesta por ello, de seguro que desaparecerán todos los derechos. Ray cruzó la línea de sus derechos cuando pensó que podía mirar a otras mujeres como si fuera un epicúreo examinando el menú en un fino restaurante. Se expuso al confuso consejo de Satanás. Y probablemente esto fue lo que le susurró al oído:

1. «Dios las hizo hermosas a propósito. Por supuesto que uno debe mirar. ¡Esa fue su intención!»
2. «No te hará ningún daño... solo estás mirando. No has llegado al punto de la lascivia».
3. «Es insoportable vivir la vida basándose en unas normas tan estrictas. No es posible que esa haya sido la intención de Dios para ti. Anda y mira. Él te ama y quiere que vivas una vida cada vez más abundante».
4. «Sé que tu esposa se molesta cuando miras a otras mujeres, pero ella es una inmadura. ¡*Ella* es la del problema, y

no tú! Ella necesita crecer en entendimiento y libertad. El celo es pecado y es obvio que tiene un problema de pecado».

Fuera del marco de sus derechos y con su escudo bajo, Ray asintió a cada una de las cuatro declaraciones.

Pero no tenía que suceder así.

Protégete del poder de la tentación sometiéndote a la definición divina de tus derechos.

De Fred: lo que puedes esperar

Está bien, hiciste un pacto con tus ojos para dejar de alimentarlos y entrenarlos a apartarse. Tal vez ya definiste tus esferas de debilidad, creando una defensa personalizada para cada una de ellas, y tomaste tu espada y escudo. ¿Qué puedes esperar que suceda durante las próximas semanas, o años?

Lo siguiente es un breve historial que se desarrolló en mi caso, al ir construyendo mis perímetros.

Resultados a corto plazo: Las primeras dos semanas resultaron un verdadero fracaso tras otro. Sencillamente mis ojos no obedecían lo referente a apartarse de todo lo sexual. Mis escudos en contra de las mentiras de Satanás eran frágiles, pero por fe continué esforzándome, reconociendo que Dios estaba conmigo en medio de todo esto.

Durante la tercera y cuarta semana, la esperanza comenzó a renacer cuando comencé a ganar tantas veces como fracasaba. No puedo hacer suficiente énfasis en lo dramático y lleno de sorpresas que este cambio resultó ser para mí. Las bendiciones y los dones divinos van más allá de lo que podemos imaginar, porque cuando sembramos justicia, solo la mente de Dios puede concebir las bendiciones que cosecharemos. No podía creer hasta qué grado ahora vivía para complacer a Brenda.

Durante la quinta y sexta semana, mis ojos encontraron cierta constancia en cuanto a desviar la vista de lo sensual. Al final de la sexta semana tuve el intenso sueño del cual les hablé anteriormente. Cesó la opresión espiritual y se esfumó el velo del distanciamiento con Dios. Aunque todavía no era perfecto, el resto fue loma abajo.

Respecto a ti, no tienes por qué tomar tanto tiempo para establecer el perímetro de defensa de tus ojos. Si en realidad lo deseas, ocurre con rapidez. En más de una ocasión los hombres me han dicho: «¡Fred, es asombroso, pero sucede tal y como lo dijiste! ¡Cerca de la sexta semana todo encajó perfectamente!» Pero seis semanas no es con toda seguridad una regla tallada en piedra. Es posible que tome menos tiempo, o quizá más, dependiendo de tu fortaleza y del compromiso que tengas para lograr el éxito.

Resultados a largo plazo: Mientras continúas viviendo puramente, el seto que te protege de la tentación crece más espeso a tu alrededor. Si eres diligente, las granadas de tentación que Satanás lanza hacia tus habitaciones se tendrán que lanzar a una mayor distancia.

Y a la larga, ¿tendrás que continuar monitoreando tus ojos? Sí, porque la inclinación natural de tus ojos es pecar y si no te cuidas, regresarás a los malos hábitos. Pero los buenos hábitos se hacen permanentes con solo el menor de los esfuerzos.

Como nota práctica, si vives en una región donde se pueden percibir las cuatro estaciones del año, la parte final de la primavera y el principio del verano requieren de una fresca dosis de diligencia, ya que es el tiempo cuando las cálidas temperaturas permiten que las mujeres vistan menos ropas. Planifica cómo vas a fortalecer tus defensas en tales ocasiones.

Después de más o menos un año, aunque tal vez tomes más tiempo, cesarán casi todas las principales escaramuzas. Los ojos errantes se habrán afirmado en su debido lugar. Tu cerebro, que ahora se vigila a sí mismo correctamente, con rareza volverá a resbalar, habiendo cedido hace mucho tiempo a las oportunidades de regresar a los días pasados de los placeres pornográficos.

¿Ligeramente loco?

Si volvemos a considerar los detalles de nuestro plan, hasta nosotros mismos tenemos que admitir que todo esto parece ligeramente loco. Defensas, trucos cerebrales, desviar tus ojos, ceder a tus derechos. ¡Cielos! Nos preguntamos si hasta el mismo Job no se sentiría un tanto aturdido.

Por otra parte, quizá debemos esperar que un sólido plan sea similar a este. Considera todos los hombres que son llamados a vivir una vida de pureza y, sin embargo, son tan pocos los que saben cómo hacerlo.

¿Cuál es el punto final que queremos destacar? Destruir los antiguos hábitos y cada pulgada de libertad en Cristo para andar libres del pecado, requirió de todos nuestros recursos y creatividad. Durante varios años estuvimos bajo el dominio de estos hábitos, poseyendo con nuestros ojos a cualquier mujer que deseábamos.

De acuerdo con Jesús, vale la pena morir con tal de ser libres del pecado. Y por favor recibe nuestro consejo... ¡también vale la pena vivir libres del pecado!

Del corazón de una mujer

Al procurar ayudar a tu esposo en esta lucha con sus ojos, no mires a través de tus ojos de mujer. Tu sexualidad es *relacional*, por lo tanto, creerás que eres parte del problema, pero él tiene un problema con sus ojos que probablemente no tiene nada que ver contigo.

La siguiente historia sobre Terry y Courtney ilustrará este punto. Ahora casados, ellos se conocieron mientras estudiaban en una escuela bíblica. Courtney es una hermosa mujer. (El chiste del recinto escolar era que el promedio de propuestas matrimoniales a Courtney era de uno a la semana.) Eso significa que después que Terry se casó con ella, sus ojos nunca deberían divagar, ¿cierto?

Pero no, sus ojos sí divagaron. ¿Acaso algo andaba mal en su relación? No. ¿Había perdido Courtney su belleza? No. Entonces, ¿cuál era el problema? Los ojos y la mente de Terry no estaban entrenados. Su problema no tenía nada que ver con Courtney.

Si un esposo tiene problema con sus ojos, a menudo la esposa se impone presiones innecesarias con tal de mejorar su apariencia, o se esmera más de lo debido por hacer cosas bonitas por él, pensando que esto ayudará a resolver el problema. «Pensé que tenía que verme aun más hermosa para mi esposo», dijo Heather. «Que debía darle masajes en la espalda, sentarme a dialogar con él y escucharlo con toda atención cuando llegara a casa». Sin embargo, estas cosas no harán nada por cambiar el problema de los ojos, si es que tu esposo lo padece.

Sin duda alguna, los hombres apreciarán tus esfuerzos por lucir lo más hermosa posible. Andrea dijo: «Hago todo lo que está de mi parte para asegurarme que él no tenga razón alguna de tener ojos que divaguen. Aunque pase todo el día en mi casa sin salir a ningún lugar, me arreglo el cabello, me maquillo y visto ropas bonitas».

Pero si un hombre tiene problemas con los ojos, no es porque su esposa necesita tener una apariencia más apetecible. Dijo Brenda: «La mayoría de las veces me parece que ser puro es responsabilidad del esposo. En realidad no veo mucho en este capítulo que tenga relación alguna con las mujeres. Nosotras no podemos controlar a las trotadoras, las recepcionistas ni las carteleras. Estos son asuntos que en su gran mayoría los hombres deben arreglar por su cuenta. Esta batalla es más de ellos que de nosotras».

Tu esposo no va a quejarse si tratas de lucir bella. Y mientras te esfuerzas por ayudarlo, considera estas útiles ideas:

1. *Mira lo que él mira.* Digamos que es una tranquila noche de sábado, y junto con los chicos decides que ver una competencia de patinaje sobre hielo es una buena manera de pasar una noche familiar. Se sientan con unas palomitas de maíz, y los ojos de tu hija brillan de expectación.

Para este entonces tu esposo podría entender que sentarse a ver una tras otra patinadora con casi nada de ropa es demasiado. Si él se excusa y desea ponerse a trabajar en el garaje, déjalo irse.

2. *Ayúdalo a encontrar un nuevo equilibrio.* Cuando él decida romper con la adicción y aumente su deseo por ti, ayúdalo sin quejarte. *¿Significa esto que tengo que bailar alrededor de nuestra habitación como una mujercilla de club nocturno?* No. No necesitarás vestirte con pieles y cadenas, ni tomar con él un baño de yogur. Él solo tiene un abundante deseo por ti. Simplemente

acércate con cariño, respetuosa suavidad y disposición, hasta que encuentre un equilibrio.

3. *Apaga la mecha del ciclo de las setenta y dos horas.* Como previamente mencionamos, cuando los hombres no están recibiendo su alivio sexual en forma regular, sus ojos son más difíciles de controlar. Ayúdalo en esta lucha. Dale alivio.

¿Significa esto que debes tener relaciones sexuales todas las veces que él desee? Por supuesto que no. La Biblia dice que uno no debe abstenerse de las relaciones sexuales durante un largo tiempo, pero a los hombres les encanta interpretar esa porción de las Escrituras de manera incorrecta, diciendo que tienen derecho a tener relaciones todas las veces que deseen. ¡Hemos escuchado las historias de algunos esposos que obligaron a sus esposas a tener relaciones una, dos y hasta tres veces al día!

¡Quizá hay que recordarle a tu esposo que el ciclo es de setenta-y-dos-*horas* y no un ciclo de setenta-y-dos-*minutos*! Si tu esposo está demandando relación sexual más de una vez al día, es probable que tenga un problema de lascivia con el cual debe lidiar, o es un posible adicto sexual que necesita terapia.

4. *Permítele unas cuantas miradas cariñosas*. Permítele que te vea desnuda cuando sales de la ducha. Si él se abstiene de otras fuentes visuales, deja entonces que se alimente contigo. Es posible que tu cuerpo no te interese en lo absoluto y es probable que no desees que te mire con deseo, pero ante sus ojos te verás cada vez mejor.

5. *Examínalo con regularidad.* Como ya hemos dicho, tú no debes ser la persona a la cual él debe rendir cuentas, pero examinarlo de vez en cuando —con gracia y humor— le sirve de ayuda y a la vez lo estás estimulando para que se sienta más seguro. «Cuando viajamos juntos en el auto», dice Cathy, «y nos topamos con una señora que trota por la avenida vistiendo un atuendo negro apretado, pruebo indagando un poco más profundo cuáles son sus reacciones al verla». Ellen añadió lo siguiente: «Lo he observado para ver si se detiene a hojear las revistas similares a *Cosmopolitan* que se encuentran localizadas en la caja en el supermercado. ¡Él se porta muy bien!»

Para un hombre es provechoso saber que su esposa lo observa de vez en cuando. Esto lo ayuda a mantenerse firme.

Quinta Parte

Victoria con tu mente

capítulo 14

Tu mente de potro salvaje

Mientras construyes los perímetros de defensa, vas a encontrar que los perímetros de los ojos se pueden construir con más rapidez que los perímetros de la mente. ¿Por qué?

Primero, la mente es mucho más sagaz que tus ojos, y más difícil de acorralar. Segundo, no podrás colocarle las riendas a la mente como debe ser, hasta que los perímetros de defensa de los ojos estén en su lugar. Luego de saber esto, no debes desanimarte si tu mente responde con mayor lentitud que tus ojos.

La gran noticia es que el perímetro de defensa de los ojos trabaja en cooperación *contigo* en la construcción del perímetro de la mente. La mente necesita de un objeto para su lascivia, así que cuando los ojos miran imágenes sexuales, la mente tiene mucho material con la cual bailar. Sin estas imágenes, la mente no tiene con quien bailar. Al dejar de alimentar los ojos, también dejas de alimentar la mente. Aunque por sí solo esto no es suficiente, la mente todavía puede crear sus propias imágenes lascivas usando recuerdos de películas o fotos que viste hace varios años, o produciendo fantasías sobre antiguas novias o las mujeres con quienes trabajas; con los ojos bajo control por lo menos no te sentirás abrumado por el continuo fluir de nuevos objetos lascivos mientras luchas por aprender a controlar tu mente.

Limpieza de tu mente

Al presente, tu mente se mueve diestramente hacia la lascivia y los leves niveles de placer que te brinda. La perspectiva de tu cerebro respecto al mundo que te rodea siempre ha incluido el pensar lascivo. Las frases de doble sentido, el soñar despierto y otras maneras creativas del pensamiento sexual son caminos aprobados, por lo tanto, tu mente se siente libre para transitar por estos caminos hacia el placer.

Pero tu mente está ordenada y la perspectiva del mundo que te rodea le da color a todo lo que por ella pasa. La mente permitirá estos pensamientos impuros, solamente si «encajan» con tu manera de percibir el mundo. Al establecer el perímetro de defensa para tu mente, una nueva matriz de pensamientos concedidos o «permisibles» comenzará a transformar la perspectiva del mundo que te rodea.

La lascivia encaja perfectamente dentro de la antigua matriz de pensamiento y en ese sentido había un «orden». Pero al tener una nueva y pura matriz firmemente en su lugar, los pensamientos lascivos traerán desorden. Tu cerebro, en su papel de policía responsable, le echa el guante a estos pensamientos lascivos aun antes de que broten a la superficie de lo consciente. En esencia, el cerebro comienza a limpiarse a sí mismo, para que los esquivos enemigos como lo son las frases de doble sentido y el soñar despierto, los cuales son difíciles de controlar a un nivel consciente, simplemente desaparezcan por cuenta propia.

Esta transformación de la mente toma algún tiempo, mientras esperas que la antigua contaminación sexual se erradique. Es muy similar a vivir cerca de un arroyo que se contamina, cuando una tubería de desecho se rompe río arriba. Después que el equipo de obreros repara la tubería rota, se requiere cierto tiempo para que el agua se aclare río abajo.

Al transformar tu mente, estarás asumiendo un papel activo y consciente en el proceso de capturar los pensamientos pícaros, pero a la larga, la mente se limpiará a sí misma y en forma natural comenzará a trabajar a tu favor y a favor de la pureza, capturando así tales pensamientos. Con los ojos apartando la vista de las imágenes sexuales, y la mente vigilándose a sí misma, tus defensas se fortalecerán increíblemente.

Acechar a la puerta

Con ese tipo de confianza vas a querer hacer todo lo que esté a tu alcance por acelerar tu transformación mental.

Un provechoso concepto del cual debes estar consciente es la metáfora bíblica de estar «acechando a la puerta». Job lo mencionó. Varios versículos después de leer sobre el pacto que hizo con sus ojos, escuchamos a Job decir lo siguiente:

> *Si por alguna mujer me he dejado seducir,*
> *si a las puertas de mi prójimo he estado al acecho,*
> *¡que mi esposa muela el grano de otro hombre,*
> *y que otros hombres se acuesten con ella!*
> *Eso habría sido una infamia,*
> *¡un pecado que tendría que ser juzgado!*
> *(Job 31:9-11, NVI).*

¿Has estado acechando a la puerta de tu prójimo? Podría ser algo tan sencillo como pasar por su casa al atardecer y tomar café con la esposa de tu amigo, enamorado de su sabiduría, atención y sensibilidad. Sientes pena por ella después que ambos se compadecieron a causa de su insensible y bruto esposo. La tomaste en tus brazos mientras ella lloraba. Estuviste acechando a la puerta de tu prójimo.

Considera el caso de Kevin, que está casado y tiene tres hijos. Mientras trabajaba con el grupo de jóvenes de su iglesia, conoció a una hermosa jovencita de quince años de edad. «La chica es un bombón y aparenta tener veinte años», dijo él. «A veces le pregunté por los muchachos que conocía y con quienes salía y hacíamos chistes y nos reíamos bastante, pero otras veces me sobrepasé. Hablamos de cosas un tanto indecentes, acerca de qué era lo que más le gustaba cuando la besaban, sobre qué yo apostaría que ella no haría con un muchacho y cosas por el estilo. Sabía que no debía hablarle de esa manera, pero era excitante.

»La semana pasada, cuando mi esposa e hijos se encontraban de viaje fuera de la ciudad, llevé a esta joven en mi auto a su casa. De nuevo volvimos a hablar cosas indecentes y de alguna manera aposté que no se atrevería a bajarse los pantalones por mí. Ella lo hizo. Perdí el control, dirigí el auto hacia un parque y tuvimos relaciones sexuales. ¡Estoy metido en un verdadero problema! ¡Ella le contó lo sucedido a sus padres y ellos podrían presentar una acusación por violación!»

Kevin no solo estaba acechando a la puerta de su prójimo. Kevin estaba *dentro* de la puerta de su prójimo.

Acecho mental

Quizá nunca hayas hecho lo que hizo Kevin, pero de igual manera has estado acechando a la puerta de tu prójimo. De acuerdo con Jesús, hacerlo mentalmente es igual que hacerlo físicamente.

Tú sabes que has acechado. La esposa de tu amigo parece ser más de tu tipo que tu misma esposa. *¿Por qué no la conocí antes?*, te preguntas. *Cuán diferentes hubieran sido las cosas de haberla conocido antes.*

Tal vez tu antigua novia ahora está casada y, sin embargo, en tu mente acechas a su puerta, preguntándote si te echa de menos, secretamente anhelando encontrarte con ella en una tienda por departamentos.

O estuviste almorzando con un grupo de tu trabajo, incluyendo a la hermosa y joven vendedora a la cual te has apegado tanto que te deprimes cuando falta al trabajo porque está enferma. La última vez que estuvo ausente le enviaste un mensaje por correo electrónico que decía: «Hoy te extrañé... espero que pronto te sientas mejor».

Quizá estableciste una conexión con una mujer en un sitio en internet y te imaginas cuál es su apariencia, y cómo sería la vida junto a ella. Al hacerlo, estás acechando a la puerta de tu prójimo.

Pensamiento salvaje

Como hemos visto, la mayor parte de la impureza sexual procede de mujeres que ni siquiera conoces. En esencia las has visto de pasada. Modelos, actrices, recepcionistas y las chicas en los afiches que se encuentran por todos lados. Pero son extrañas. No *vives* con ellas, así que te defiendes de ellas al entrenar tus ojos.

Pero al apartar tus ojos, no puedes filtrar estas atracciones «en vivo»; atracciones de las interacciones que tuviste con esas mujeres. Estas mujeres no son extrañas. Vives y trabajas cerca de ellas y hasta adoras junto a ellas los domingos. Podrían surgir los pensamientos impuros y las atracciones. Y como el perímetro de defensa de los ojos no puede detenerlas, necesitas otra defensa.

«¿Y qué debo hacer?» dices. «Estos pensamientos surgen por sí solos. No puedo hacer nada al respecto». Realmente eso *parece* ser cierto, ya que controlar la mente podría parecer extraño. Hasta en la iglesia, de repente se puede soñar despierto acerca de una mujer en el trabajo. ¿De dónde proceden estos pensamientos? La mente es como un potro salvaje que corre libre y donde un pensamiento incita otro sin un orden verdadero. Sin embargo, en la Biblia dice que debemos controlar no solo nuestros ojos, sino también todo nuestro cuerpo.

> Ustedes no son sus propios dueños; fueron comprados por un precio. Por tanto, honren con su cuerpo a Dios (1 Corintios 6:19-20).

Y no tan solo nuestros cuerpos, sino también nuestras mentes. A través del apóstol Pablo, el Espíritu Santo es claro en cuanto a esto:

> Derribando argumentos y toda altivez que se levanta contra el conocimiento de Dios, y llevando cautivo todo pensamiento a la obediencia a Cristo (2 Corintios 10:5).

Este es un versículo discordante. Al leerlo es fácil preguntarse: *¿Llevar cautivo todo pensamiento? ¿Es eso posible?*

Tu estación de aduana mental

Todos los pensamientos impuros se generan al procesar las atracciones visuales y vivas a través de tus sentidos. Ver mujeres en la playa. Coquetear con tu nueva compañera de trabajo. Recordar una novia antigua. Durante el procesamiento impropio, nuestras mentes pueden correr tras la impureza. Sin embargo, al *procesar debidamente* estas atracciones, podemos capturar o eliminar los pensamientos impuros.

Ya hablamos sobre una de las formas de procesamiento adecuado, llamado desviar los ojos. Este procesa las atracciones visuales al entrenar los ojos para que se aparten, y luego dejarlos de alimentar. Cuando este se establece correctamente, el perímetro de defensa de tus ojos posee la naturaleza de la antigua Muralla de Berlín. No habrá razón alguna para jamás otorgar visas visuales de entrada.

Pero el perímetro de defensa de la mente es menos parecido a una muralla y más parecido al área de la aduana en un aeropuerto internacional. El departamento de la aduana es un filtro que impide que los elementos peligrosos entren al país. El Servicio de Aduana de los Estados Unidos trata de excluir del país las drogas, las moscas de la fruta, los terroristas y otros agentes nocivos.

De igual forma, el perímetro de defensa de la mente *procesa adecuadamente* a las mujeres atractivas que desean entrar a tu «país», filtrando las semillas foráneas de atracción antes de que se generen los pensamientos impuros. Este perímetro «detiene el acecho».

Considera las situaciones de dos hombres de quienes ya hemos hablado. Wally, el hombre de negocios que temía encontrarse solo en una habitación de un hotel, encontró que después de apagar el televisor, las imágenes lascivas continuaban bombardeando su mente como en un círculo vicioso hasta el punto de no poder dormir. Si él no hubiera otorgado las visas de entrada visuales al ver la televisión, los pensamientos lascivos nunca se hubieran producido.

La situación es diferente con las atracciones «en vivo». Kevin era líder de un grupo juvenil y la chica de quince años era miembro del grupo. Ella tenía una visa de entrada a su vida que era válida. Él *tenía* que interactuar con ella. (Por supuesto, él no tenía que hacerlo de manera inapropiada.) Las mujeres atractivas van a atravesar este perímetro de defensa, pero su entrada solo se debe permitir para propósitos apropiados.

Llena los espacios vacíos

¿Qué sucede en nuestra estación de aduanas mental?

Digamos que tu compañía emplea a una nueva muchacha, Raquel. En su primer día de trabajo Raquel se acerca por el pasillo, comienza a hablar contigo y ¡bum! Sientes atracción hacia ella. Desde este momento la puedes procesar adecuadamente en tu mente sin producir pensamientos impuros o puedes manejar la situación de manera irresponsable.

Lo que suceda después, es crítico para la pureza de tu mente.

Con el transcurso del tiempo te sigues relacionando con Raquel. Las primeras interacciones alimentan la atracción. Por ejemplo, Raquel podría corresponder a tus señales de atracción. O su sentido del humor podría igualar el tuyo. A ella le encanta tu pizza favorita. Se siente increíblemente fascinada por el fútbol. Raquel es una mujer refrescante y fascinante y te encanta pensar en ella.

Es en esta etapa que el procesamiento inadecuado trasciende hacia los pensamientos sensuales u otras prácticas impuras, como lo son el coqueteo y las bromas. En el peor de los casos te podrías dejar arrastrar como le ocurrió al joven necio en Proverbios 7.

> *Lo rindió con la suavidad de sus muchas palabras,*
> *Le obligó con la zalamería de sus labios.*
> *Al punto se marchó tras ella,*
> *Como va el buey al degolladero,*
> *Y como el necio a la prisiones para ser castigado;*
> *Como el ave que se apresura a la red,*
> *Y no sabe que es contra su vida,*
> *Hasta que la saeta traspasa su corazón (7:21-23).*

Tu mente se pierde en las atracciones. En realidad no importa que no conozcas bien a Raquel. Al comienzo de la relación, la mente es ágil para llenar los espacios vacíos con su creativa imaginación. Eso es parte de la diversión. Mientras menos sabes de ella, más espacios en blancos tendrás que llenar y más tu mente podrá correr con sus extravagantes pensamientos. Sin embargo, al haber más interacción entre ambos, se añaden más datos. Con menos espacios en blanco por llenar, la mente se aburre con mayor rapidez. Los datos son el virus asesino de las atracciones.

¿Qué tipo de datos? Una vez que la hayas escuchado hablar sobre su maravilloso bebé y cuán especial es su esposo, se hace más difícil imaginar a Raquel como la «encantadora que te espera». Ella cae de tu pantalla de atracción para convertirse en una simple amiga o compañera de trabajo.

De Fred: Aprender a procesar mentalmente como es debido

Es probable que todos recordemos algún ejemplo de nuestros años en la escuela superior, donde nuestras mentes se perdieron con las atracciones. Yo tuve una en la escuela superior, se llamaba Judy.

Me fijé en ella al comienzo de mi último año mientras que Judy cursaba su penúltimo año. ¡Si de atracción se habla, esta fue lo máximo! Cada vez que pensaba en ella era llevado cautivo a una tierra de tontos sueños. Pensaba en lo que le diría y cómo nos amaríamos y a dónde iríamos juntos. Mientras tanto mi mente llenaba millones de espacios en blanco ya que no conocía nada sobre Judy, excepto su nombre y su grado escolar.

Durante todo el año la anhelé lleno de sueños, mientras la observaba pasar alegremente por mi lado esperando que llegara el día en que pudiéramos hablar. Deseaba invitarla a salir juntos en una cita, pero me faltaba la valentía. Y aunque yo era el supermacho-atleta del año, frente a las chicas mi corazón se convertía en una gelatina de fresa.

A medida que se acercaba el fin de curso, solo me quedaba una oportunidad: el baile de graduación.

Marqué su número telefónico en medio de un feroz esfuerzo, y después de una breve conversación sin importancia comencé a tartamudear mi petición. ¡Y la aceptó! Su melodiosa voz afirmó mi existencia, y puedes imaginar lo que hizo mi mente con ello.

Después del baile de graduación encontré el lugar perfecto donde llevarla: El Mesón Ironmen. Aunque el Mesón Highlander era el lugar que tradicionalmente se usaba para cenar después del baile, decidí que no llevaría a mi nuevo amor a un lugar tan trillado y fastidioso. En el solitario reservado con cortinillas en el Ironmen, podíamos estar sentados el uno frente al otro sin ser interrumpidos, en aquella gloriosa y primera noche del resto de nuestras vidas juntos. Después que nos escoltaron hasta el reservado disfrutamos de varios comentarios sin importancia mientras el corazón me latía con fuerzas. Con cada momento que pasaba, aumentaba la atracción que por ella sentía.

En medio del quieto y solitario Mesón Ironmen, la anfitriona deslizó las cortinas en un romántico momento, resplandeció el rostro hermoso y resplandeciente de Judy, mientras sus bellos labios se abrían lentamente para hablar. Como en un sueño encantado me dispuse a escucharla, y dijo: «Mira, no sé cómo decirlo, pero lo cierto es que yo deseaba ir al Mesón Highlander. ¿Te molestaría si vamos allá?»

A pesar de que la atracción que sentía por ella recibió una sacudida, la caballerosidad y el honor eran la orden del día. Demostré cierto aire de despreocupación y respondí: «Claro, supongo que sí», aunque sabía que esto no era nada bueno para nuestra cita.

En el Highlander, mientras esperábamos que se desocupara nuestra mesa para sentarnos, Judy preguntó descaradamente: «¿Te importa si paso un rato en la mesa donde está sentado Joel?» Me dejó y se pasó toda la velada con él.

Cené a solas con mis pensamientos, meditando: *Por eso es que el fútbol me gusta más que las chicas.*

Más tarde, llena de benevolencia, me tiró un hueso seco al otorgarme el privilegio de llevar a Su Majestad de regreso a casa. Me confió que toda la noche había albergado las esperanzas de pasar la velada con Joel ya que él no la había invitado al baile como ella esperaba que lo hiciera.

Mi atracción hacia Judy murió esa misma noche. ¡Los hechos mataron esa atracción! Para empezar, no supe procesar adecuadamente mis atracciones hacia ella. Pero permíteme decirte el ejemplo de alguien que *sí* procesó muy bien algunas atracciones.

Kirk me estuvo hablando de Patricia, una nueva empleada en su departamento de ingeniería. Cuando la vio por primera vez, ella estaba haciendo una presentación a todo el grupo y él quedó impactado. «Estaba sentado allí esperando otra aburrida presentación, cuando de pronto apareció Patricia. Era hermosa e inteligente, pero con una alegre disposición. Me recordaba mucho a las chicas que conocí cuando estudiaba en la universidad. Mi mente continuó insistiendo: *De alguna manera tengo que conocer a esta chica, tengo que conocer a esta chica.* Pero yo estaba casado y sabía que no debía hacerlo.

»Mi mente seguía exigiendo que pensara en ella. Era tan atractiva, pero sabía que no debía pensar en ella. Durante las próximas semanas me aseguré de pasar poco tiempo cerca de Patricia y solamente le dirigía la palabra cuando era absolutamente necesario. También decidí no alimentar mis ojos con ella.

»Entonces me enteré de que recientemente había dado a luz, y lo único que hacía era hablar sobre su hija. Era evidente que amaba mucho a su esposo. Fue entonces que menguó la atracción que sentí por ella, aunque no del todo.

»Cierto tiempo después, algunos de los nuevos procedimientos que ella implementó en el departamento de ingeniería comenzaron a recibir una fuerte crítica y me percaté de que su disposición ya no era tan alegre como aparentó serlo al principio. ¡Realmente podía llegar a ser una fierecilla! En la actualidad, no es más que una amiga. No me atrae en lo absoluto».

Deja de alimentar las atracciones

A eso llamamos procesamiento adecuado. Patricia tenía una visa para entrar, pero las atracciones se procesaron apropiadamente y generaron pocos pensamientos impuros. Como ves, no podemos eliminar de nuestras vidas a todas las mujeres atractivas, pero sí podemos protegernos de la fase inicial de atracción hasta que se conviertan en «solo amigas». A este procesamiento apropiado se llama «*dejar de alimentar las atracciones*».

Es un concepto que me hace recordar un antiguo vitoreo que teníamos en la universidad de Stanford:

¡Si no puedes ganar, engaña!
¡Si no puedes engañar, sé evasivo!
¡Si no puedes ser evasivo, ríndete!

En nada admirable, pero divertido a su manera y en cierta forma aplicable a nuestro tema. Dejar de alimentar las atracciones es una táctica de evasión. Más adelante lo verás con más detalle, pero la evasión que es activa espera por los datos que rápidamente procesan la relación más allá de la zona de peligro, donde no genera impurezas.

¿Qué sucede si no dejamos de alimentar las atracciones? ¿Qué sucedería si jugamos un poco con las atracciones? ¿No crees que a la larga el tiempo se encargará de destruirlas?

La mayoría de las veces, sí, pero no es algo a lo que te debes arriesgar. Una relación inapropiada no es algo que agrada a Dios, no importa cuán «inocente» parezca ser.

En resumen, posees una mente que corre por dondequiera con voluntad propia. Esta se debe domar. Nuestra mejor táctica es dejar de alimentar las atracciones, limitando la generación de los pensamientos impuros y el daño que ellos traen a nuestra relación matrimonial.

Un corral para tu mente de potro

Dijimos antes que nuestras mentes son como potros salvajes que corren libremente. Los potros salvajes poseen dos características que los hace parecerse al cerebro masculino. Primero, el potro corre por donde quiere. Segundo, el potro tiene relaciones donde quiere y con quien lo desee. ¡Hay yeguas por todas partes! Y si el potro no encuentra una en la cercanía, alza el hocico al aire y al olfatear que hay una yegua sobre el horizonte, corre hacia ella y la posee.

Este rasgo es similar al asna montés de la cual Dios habló por medio del profeta Jeremías:

Asna montés acostumbrada al desierto,
que en su ardor olfatea el viento.
De su lujuria, ¿quién la detendrá?
Todos los que la buscaren no se fatigarán,
porque en el tiempo de su celo la hallarán.
(Jeremías 2:24).

¿Puedes controlar a un potro salvaje? ¿Puedes correr tras el potro y atraparlo, o simplemente señalarlo con el dedo y amonestarlo? No, por supuesto que no. ¿Cómo entonces evitas que corra y tenga relaciones cuando le parezca bien?

Con un corral.

En la actualidad tu mente corre como un potro salvaje. Y aun más, donde le parezca bien tu mente «tiene relaciones» con hermosas y sensuales mujeres. Están por todas partes. Con una mente de potro salvaje, ¿cómo puedes detener el correr y el tener relaciones? Con un corral alrededor de tu mente.

Vamos a ampliar un poco esta metáfora para ayudarte a entender mejor cuál es nuestra meta al ponerle riendas a nuestras mentes errantes.

En un tiempo eras un potro orgulloso, salvaje y libre. Esbelto y musculoso, conquistabas los valles y las montanas, corrías y tenías relaciones donde querías, dueño de tu destino. Dios, dueño de un inmenso rancho local, se percató de ti a la distancia mientras laboraba en su manada. Aunque no te fijaste en Él, te amó y deseó hacerte suyo. Te procuró de muchas formas, pero una y otra vez huiste de Él.

Un día te encontró atrapado en un profundo y oscuro cañón sin salida. Con el lazo de salvación te acercó a Él gentilmente, y te convertiste en uno de los suyos. Su deseo era domarte para que le fueras útil y le trajeras abundante gozo a su vida. Pero conociendo tu naturaleza y cómo amas correr libremente con las yeguas, colocó una cerca a tu alrededor. Este corral era el perímetro de los ojos. Detuvo el correr e impidió que olfatearas el viento y corrieras salvaje rumbo al horizonte.

Aunque el corral detiene el correr, todavía no ha podido controlar el tener relaciones. Lo haces con la mente, por medio de atracciones, pensamientos y fantasías, coqueteo y lascivamente relinchando a las yeguas que hay dentro o cerca de tu corral. Te debes domar.

Cerca y más cerca

A la luz de este retrato, vamos a examinar cuatro categorías de atracciones que han llegado o llegarán por tu camino.

La primera categoría es la atracción visual a la gente extraña de quienes hablamos previamente: las trotadoras, las recepcionistas y los carteles de hermosas mujeres. Debido a que hemos establecido un perímetro de defensa de los ojos que es nuestro corral, ahora estas se encuentran más allá del horizonte. Ya no podemos correr hacia allá. Dejaron de crear atracciones.

Pero aún quedan bastantes atracciones alrededor del corral. Las categorías dos hasta la cuatro incluyen las mujeres que no son extrañas, las mujeres con quienes te relacionas en tu vida: las «atracciones en vivo».

En la segunda categoría se encuentran las mujeres que no te son atractivas y que no generan pensamientos impuros. Entre estas se encuentran tus amigas, tus conocidas, tus compañeras de trabajo y las miembros de la iglesia.

Tu amigo Joe podría notar a una de estas y decir: «¡Cielos, mira a esa mujer! ¡Qué buena está!» Y tú respondes medio sorprendido diciendo: «Supongo que sí. He trabajado con ella durante tanto tiempo que ni siquiera pienso en ella en esos términos. Tan solo es una amiga».

Tu defensa en contra de esta categoría de mujer requiere un simple monitoreo, para estar seguro de que notas a tiempo si una de ellas da un paso hacia tu corral.

La tercera categoría es probablemente la más peligrosa de todas. Estas son las mujeres que conoces y con quien te relacionas y que en ti encienden cientos de bombillos de atracción, como Raquel, tu nueva compañera de trabajo o quizá la nueva líder de adoración que tanto emociona tu alma con su piano y corazón de adoradora. Relinchas, atrayéndolas a tu corral, aunque solo sea en tu mente.

Quizá una de ellas también se haya fijado en ti. Al sentirse atraída hacia ti, trota hacia tu corral con determinación. Al sentirte halagado, das un majestuoso bufido y pisas con fuerza y sacudes la cabeza. Mirarla te causa mucho placer. Empujas los linderos, estiras la cabeza más allá de la cerca, compartiendo leves caricias con el hocico entre almuerzos privados y conversaciones íntimas. Lo peor de todo es que tu mente de potro puede hacer algo que un verdadero potro no podría hacer: abrir la puerta del corral. Y no tan solo mentalmente.

Duane nos contó de un primo suyo que se divorció de su esposa después de veintiséis años de casado, porque se enamoró locamente de otra mujer. «Simplemente no sabía qué decirle a mi primo», nos dijo él. «Se dejó ilusionar y no hubo manera de convencerlo para que rompiera con esa relación. A nadie le hizo caso».

Podrías decir que tú nunca le abrirías la puerta de tu corral a nadie como lo hizo el primo de Duane. Pero vamos a examinar, querido amigo, las estadísticas dentro de la iglesia. El índice de nuestros divorcios no es diferente al del mundo. Por todas partes los cristianos se están separando o están en proceso de recuperación de aventuras adúlteras creadas por hombres que abrieron el corral de sus mentes. Sin las debidas defensas, lo mismo te podría ocurrir a ti.

La última categoría incluye aquellas mujeres que verdaderamente se encuentran dentro de tu corral. Tu primer pensamiento podría ser que solo tu esposa se encuentra en esta categoría, pero hay otras a quienes Dios ha colocado cerca de ti. Esta categoría podría incluir la esposa de un amigo íntimo. Te sientas a la mesa con ellos en un restaurante, recuerdan alegres momentos, y con todo fervor oras con ellos. Emocionalmente estarán cercanos el uno del otro. Pero no debes acechar.

Dentro de tu corral también podría estar una antigua novia con quien aún estás emocionalmente atado. Ella estuvo dentro de tu corral mucho antes que tu esposa, pero nunca fue enviada hacia el horizonte. Con facilidad tienes relaciones con ella en tu mente por causa de las muchas citas en las que juntos participaron. Mentalmente, todavía ella está a tu lado.

Entonces está tu ex esposa, la madre de tus hijos. Por lo general, debido a los preciosos pequeñuelos, ella vivirá cerca de donde tú vives. Y debido a la intimidad que previamente disfrutaron, podría parecer que es tuya para hacer lo que dispongas en tu mente. Recuerdas los momentos emocionantes y te sientes libre para jugar con los pensamientos. Pero tienes que sacarla fuera del corral y enviarla hacia el seguro horizonte.

El perímetro de la mente procesa la atracción en vivo que a medio galope se vislumbra en el horizonte y pasa por nuestro corral. Al dejar de alimentar las atracciones, estas mujeres regresan a la zona segura de la «amistad» o de «conocida», desde donde ya no son una amenaza a nuestra pureza. ¿Recuerdas lo que dijo Kirk sobre Patricia? Después que dejó de alimentar las atracciones, ella se convirtió en «solo una amiga» y dejó de atraerlo.

La mayoría de las mujeres no encenderán ni un solo botón de atracción en nosotros. Y al entrar en tu vida, simplemente pasarán tu corral trotando hacia el horizonte. No te fijarás en ellas, y ellas no se fijarán en ti. Son y siempre serán solo amigas, conocidas y compañeras de trabajo más allá del horizonte. Pero a esas que *sí* te atraen y que *se acercan* a tu corral, no se les debe dar ni una sola razón para acercarse ni recostarse a la puerta de tu corral, donde es muy posible que las dejes entrar en un momento de debilidad.

Prevenir las historias tristes

¿No le debes a tu esposa el construir un perímetro de defensa mental? *Tienes* que proteger a tu esposa e hijos de las atracciones que están fuera de tu corral; de lo contrario, tendrás una triste historia que contar, como la que Jack nos relató.

Jack estuvo involucrado en el ministerio a tiempo completo, y firmemente plantado. Sin embargo, no tenía un perímetro de defensa mental, porque feliz pensaba que no lo necesitaba. Como resultado, permitió que Mary se acercara demasiado a su corral.

«Mary asistía a mi iglesia y participaba en el ministerio de la música», nos dijo Jack. «Debido a mis destrezas y posición en la iglesia, participaba con ella en muchas actividades de la iglesia. Ambos pertenecíamos a una pequeña banda de adoración y durante los ensayos comencé a notar que ella me sonreía de cierta forma. Era bonita y me atrajo, pero no le presté mucha atención hasta que las sonrisas continuaron. Comencé a pensar en esto. Las atracciones iban en aumento, me sentí un poco emocionado y complacido conmigo mismo.

»Un día ella pasó por mi oficina y me encontró solo. Comenzó a contarme los problemas que tenía con su esposo. Como soy ministro, a menudo participaba en sesiones de asesoramiento y pensé que debía escucharla. Comenzó a llorar y la abracé sintiendo pena por su situación. Se acurrucó un poco y en cierto modo me agradó. Se marchó de la oficina y nada resultó del asunto, pero comencé a pensar en ella constantemente.

»Resulta que Mary y yo tomábamos la misma ruta hacia el trabajo y noté que cada mañana ella me observaba y me saludaba sonriente. Durante los ensayos, halagaba cada vez más mis talentos musicales. Con esos ojos que mostraban una leve sonrisa, me miraba hasta cuando predicaba aunque estuviera sentada al lado de su esposo. Era una situación un tanto pícara y emocionante.

»Comencé a hacer cosas muy extrañas, como manejar varios kilómetros fuera de mi camino usual para pasar por su oficina solo para ver su auto estacionado. Pero caramba, ¿qué provecho sacaba viendo su auto? Sin embargo, de alguna manera me resultaba romántico. Finalmente, nos encontramos a solas varias semanas después y la besé. Supe que aquel beso terminaría mi carrera en la iglesia, pero no pude contenerme. La atracción ya era demasiado fuerte».

Aquella tarde la carrera de Jack, su matrimonio y la relación con sus hijos sufrieron grandes daños. Él dijo que nunca sucedería, pero sucedió, porque Jack carecía de un perímetro de defensa.

Querido amigo, tu esposa y tus hijos merecen una defensa. Tú nunca sabes quién se atreverá a galopar cerca de tu corral.

capítulo 15

Cerca de tu corral

He aquí otra provechosa manera de analizar las «atracciones en vivo» que hay en tu vida, y lo que estas significan para tu perímetro de defensa mental.

Pensemos en dos tipos de mujeres que se acercarán a tu corral:

- Mujeres a las que consideras atractivas
- Mujeres que te consideran atractivo

Ambas categorías tienen defensas similares, cada una se diseñó para dejar de alimentar las atracciones hasta que ella se aleje al trote hacia el horizonte. Vamos a examinarlo más a fondo.

Mujeres que consideras atractivas

Si encuentras a una mujer atractiva, tu primera línea de defensa es tener un estado mental adecuado que es el siguiente: *Esta atracción amenaza todo lo que considero querido.*

Al principio de la relación, cuando todo parece ser inocente, no aparenta ser una amenaza. Sin embargo, recuerda que las atracciones crecen con rapidez y pueden destruir tu matrimonio. Aunque tu matrimonio logre sobrevivir, el acecho, por lo menos, debilitará el cimiento de tu matrimonio y le robará a tu esposa el privilegio de que tú la cautives plenamente.

Tu segunda línea de defensa es declarar: *No tengo derecho de pensar en estas cosas.* Asegúrate de hacerte esta declaración con claridad, decisión y con frecuencia. Ni siquiera *conoces* a esa mujer, ¿quién eres tú para sentir atracción por ella? ¿Acaso tu Señor no te obsequió a *tu* esposa?

La tercera línea de defensa es aumentar tu estado de alerta. ¿Qué haces normalmente cuando te sientes amenazado? Te quitas la chaqueta y respiras con profundidad. Te preparas para lo que ha de venir.

Supongamos que eres un fornido guardia de seguridad en un club de baile, verificando las tarjetas de identificación, las boletas y jaraneando con los clientes. Una noche se acercan cinco hombres, que aparentan ser poco amables y arrogantes, visten piel negra y hacen mucho ruido con sus motocicletas. ¿Te relajarías y te alejarías de la puerta? De ninguna manera. Sin vacilar, te adelantas para colocarte frente a la puerta y te paras erguido, listo para enfrentar la amenaza.

Considera la antigua serie de televisión *Star Trek* [Viaje a las estrellas]. ¿Qué hacía el famoso Capitán Kirk cuando se acercaba al peligro? Decía en voz alta: «¡Alerta Roja! ¡Alcen los escudos!» De la misma forma, cuando una atractiva mujer se acerca a tu corral, de inmediato tu perímetro de defensa debe responder: *¡Alerta Roja! ¡Alcen los escudos!*

Con tu actitud mental transformada, no permitirás que ella se acerque a tu corral. La atracción comenzará a morir de hambre y volverá a alejarse hacia el horizonte.

¿Cómo puedes estar seguro de que esto ocurrirá?

Aparta tus ojos. La viste pasar cerca de tu corral y sentiste atracción *física* por ella. Mata de hambre esta atracción apartando la vista de ella. No medites en su belleza robando ojeadas. Hazlo con determinación.

Evítala. A veces esto no es posible, pero hazlo cuando puedas. Si ella trabaja contigo, y a ambos les asignan el mismo proyecto, no la invites a almorzar ni ofrezcas llevarla a su casa. Evita las oportunidades de crear experiencias positivas con ella hasta que muera la etapa de la atracción. Si te pide hacer algo con ella, excúsate.

Cuando estés en su compañía, representa el papel del gilipollas. Nuestro héroe, Supergilipollas, entra a un baño público cercano y emerge vestido de poliéster, como el enemigo de todo lo que huele a mariposón y todo lo que está en la onda. El aburrido y apacible

Supergilipollas —con el protector plástico del bolsillo como un escudo del corazón y con un peinado ladeado— libra su ingrata lucha del aburridísimo intercambio. La Amazónica, que una vez fuera una amenaza, se retira a sectores indefensos ¡dejando nuevamente victorioso a Supergilipollas en esta eterna buena batalla por eliminar de su imperio galáctico todo lo que está en la onda y todo lo impuro!

Bueno, tengo que admitir *que* no hay mucha gloria en hacer el papel de gilipollas. No habrá contratos para hacer revistas de dibujos animados cómicos, ni contratos para comerciales televisivos, ni entrevistas con Barbara Walter en su programa 20/20, pero ante tu esposa e hijos serás más que un héroe.

Un gilipollas es lo opuesto a un *jugador*. En las relaciones, los jugadores envían y reciben señales sociales con suavidad y sutileza. Los gilipollas no lo hacen. Cuando un jugador desea enviarle señales de atracción a una chica, hará ciertas cosas. Comenzará a coquetear y a hacer bromas ligeras. Sonreirá con ojos pícaros. Hablará sobre cosas que están en la onda. En resumen, se comportará como un tipo superestupendo. En el pasado tú fuiste un jugador. Sabías alimentar muy bien las atracciones. Pasaste toda tu adolescencia aprendiendo cómo hacerlo.

Sin embargo, como un hombre casado, es recomendable una leve porción de suicidio social. *Siempre* representa el papel del gilipollas. Los jugadores coquetean… aprende a no coquetear. Los jugadores hacen bromas ligeras… aprende a no bromear ligeramente. Si una mujer te sonríe con picardía, aprende a sonreírle con una leve mirada de confusión, que no-es-sonrisa. Si ella habla de cosas que están en la onda, dialoga con ella sobre cosas que no están en la onda, como de tu esposa e hijos. Ella considerará que eres un tipo agradable, pero un tipo sin mucha chispa y poco interesante. Perfecto.

A veces la atracción de una mujer hacia ti es más mental que física. Esto es muy común en un ambiente de trabajo en el cual tienes que trabajar junto a mujeres en proyectos que son de interés mutuo. En los negocios es común pasar más horas al día con mujeres compañeras de trabajo que con tu esposa. Hablas con ellas sobre metas que tienen en común y éxitos que desean lograr, mientras que tú y tu esposa solamente hablan sobre los problemas de la disciplina de los chicos, quién va a cambiar el pañal sucio y las deudas, deudas, deudas.

En cuanto a las mujeres que son físicamente atractivas, debes entender que si tus escudos no están en alto, y no reconoces el peligro que representa para tu matrimonio, estarás coqueteando con el peligro.

En resumen: Si sientes atracción por una mujer, esto no significa que nunca jamás podrás tener algún tipo de relación o amistad con ella. Solo significa que debes activar tus perímetros de defensa. Una vez que hayas dejado de alimentar las atracciones y ella se encuentre a una distancia que no represente peligro, podrás tener una relación apropiada, una que honre a tu esposa y al Señor.

Mujeres que te consideran atractivo

No importa cuál sea nuestra edad (o la talla de cintura), seguimos siendo capaces de decir cosas absurdas como por ejemplo: «Por fin, *aquí* hay una mujer que obviamente tiene buen gusto y reconoce a un "buen mozo" cuando lo ve. Simplemente *tengo* que llegar a conocerla mejor». Sí, todavía hay hombres que hacen tales declaraciones.

Al carecer de fondos suficientes para cumplir con sus obligaciones, Ed tomó un segundo trabajo temprano en la mañana en la compañía *FedEx*. Lo único que estaba haciendo era lo que un hombre debe hacer por su familia durante una temporada de incertidumbre económica. Cuando Christi, una atractiva y dinámica despachadora pasó al trote cerca del corral de Ed, le dijo: «¡Eres tan guapo y *sexy*! ¡Me encanta enredar mis piernas alrededor de hombres como tú!» Ella aprovechó cada ocasión para hacer bromas pícaras y coquetear con él, tentándolo con invitaciones y comentarios de doble sentido. Cada vez que tenía que hablar ella abría ligeramente sus piernas y a menudo abría su blusa para que él la viera.

Un día ella le dijo: «Mi esposo salió en un viaje de cacería y estará fuera de la ciudad dos semanas. Voy a estar *tan* sola». *¡Alerta Roja! ¡Alerta Roja!* Una hora después Ed encontró en el escritorio las llaves de la casa junto a una nota que decía: «¡Te dejé mis llaves en caso que necesites entrar a mi casa durante el fin de semana!»

Ed se acreditó una victoria devolviéndole las llaves y haciéndole saber en términos muy claros que no iría a su casa, y le pidió que dejara de hacer lo que estaba haciendo. Ed mantuvo cerrada la puerta de su corral porque Christi estaba amenazando todo lo que para él era querido.

Si una hambrienta pandilla de adolescentes se congregara fuera de tu hogar y se acercara blandiendo hachas y palos en sus manos, es muy probable que tú percibirías el peligro. *¡Alerta Roja! ¡Alza los escudos!* Igual de peligrosa es la mujer que te encuentra atractivo. Debes detenerla evitando devolverle señales de atracción. Si ella no es creyente, es mucho más peligrosa ya que no tiene ninguna razón moral que le impida ir a la cama contigo.

Tu segunda línea de defensa es usar el escudo de los derechos. *¡No tengo derecho alguno de pensar así, y no tengo derecho alguno de devolver estas señales!* Para comprarte, Jesucristo padeció en la cruz una muerte sangrienta. Él es quien tiene todos los derechos aquí. Tú no tienes ninguno. Esto debes repetírtelo en voz alta una y otra vez; doma y ponle riendas a la mente de potro salvaje.

No vaciles en cuanto a levantar tus escudos. En un episodio de la película *Star Trek*, el enemigo capturó una de las naves espaciales de la Federación Interplanetaria y se acercaban a Kirk y a la nave intergaláctica *Enterprise* (los buenos de la película). El comandante enemigo no respondió al llamado de Kirk.

Mientras Kirk enviaba repetidas señales de llamado, el comandante enemigo solo dijo en tono despreciativo: «Déjalos que se atraganten de estática».

Kirk entendió que esta falta de respuesta era peculiar. Confundido e inseguro en cuanto a las intenciones de la nave que se acercaba, vaciló y esperó. No subió los escudos. Y al final, después de acercarse lo suficiente, el enemigo atacó incapacitando severamente al *Enterprise*. Kirk tuvo que pagar un alto precio por su demora: la pérdida de su mejor amigo en los subsiguientes intercambios.

Tú no sabes con certeza cuáles son las intenciones de una mujer que se acerca a tu corral. Quizá estés malinterpretando su brillante y extrovertida personalidad, y en realidad no siente atracción alguna por ti. Quizá ella saluda a todos de igual manera. Quizá no. Es probable que en esa nave haya un enemigo. Alza tus escudos y las preguntas las dejas para más tarde. No te expongas al alto precio que podrías pagar.

¿Qué haces cuando alguien te encuentra atractivo? ¿Cómo dejas de alimentar estas atracciones? He aquí algunos consejos:

Procura no pasar tiempo a solas con dicha mujer, ni siquiera en lugares públicos. La razón es muy sencilla. No debes alimentar sus atracciones. Sé claro al comunicar que no vas a devolver el interés que ha demostrado en ti.

Huye de ella. No sonrías reconociéndola. No te unas a su grupo de oración ni a su grupo de adoración. Evita trabajar junto a ella en un comité. Procura no estar en ningún lugar donde pueda impresionarse más con tu persona. Haz esto de modo consciente y metódico.

Prepárate con simulacros de «juegos de guerra». ¿Qué le vas a decir si te llama al trabajo? ¿Qué vas a hacer si te invita a almorzar? Josh McDowell les dice a los adolescentes que decidan lo que harán en el asiento trasero del auto, *antes* de llegar al asiento trasero del auto. De otra manera, quien reina es la pasión, y el razonamiento no es claro.

Como adultos, aplaudimos este consejo para los adolescentes. ¿Por qué nosotros no imitamos también las palabras de Josh?

No devuelvas ni una sola señal de atracción. No respondas al llamado. *¡Déjalas que se atraganten de estática!*

Asume el papel de gilipollas. Ayúdala. Demuéstrale que su atracción inicial por ti fue una ridícula equivocación. Decide ser aburrido, y hazlo de modo meticuloso. Después, cuando ella deje de sentir atracción por ti, podrás regresar a ser el mismo hombre normal e interesante que siempre fuiste.

capítulo 16

Dentro de tu corral

Para las mujeres que ya están dentro de tu corral, la cosa se convierte un tanto complicada. Estas mujeres no se alejarán hacia el horizonte. Hoy se encuentran en tu corral y es probable que allí estén mañana y también al siguiente día. Esto significa que debes eliminar estas atracciones de otra manera.

Vamos a echarle un vistazo a las dos categorías principales de mujeres que hay dentro de tu corral.

- Antiguas novias y ex esposas
- Esposas de tus amigos

Reiteramos que no todas las mujeres en estas categorías serán atractivas para ti. Pero si llegas a encapricharte con una de ellas, o si has reservado un pedazo de tu corazón para alguna de ellas, tendrás que hacer algo al respecto. Cada categoría posee peligros únicos, y cada una requiere defensas únicas; así que vamos a considerar qué debemos hacer.

De Fred: Nuestra antigua novia

Una ex novia o ex esposa podría ser mortal para la pureza mental. Tales atracciones te quebrantan en dos maneras:

- Debilitan tu habilidad de moverte hacia la meta de llegar a ser una sola carne con tu esposa.
- Hacen posible que Satanás dispare un proyectil hacia tu matrimonio, con poca advertencia previa.

Al concluir mi primer año universitario, tuve un profundo romance de verano con Polly. Se terminó el verano, me despedí de ella y regresé a la universidad en California. Solo y con el corazón quebrantado, me pasaba los días divagando sin dirección, sintiendo pena de mí mismo. Todos los días nos escribíamos y a menudo nos llamábamos por teléfono. Esto continuó así durante gran parte del semestre escolar.

Cierto día, durante un partido de fútbol en mi escuela, mis ojos se fijaron en una chica árbitra. Me parecía estar viendo una versión adulta de mi enamorada de la niñez, Melody Knight, que se había mudado para Canadá cuando estábamos en el tercer grado.

Después del partido me acerqué a ella y le pregunté cuál era su nombre (en aquel entonces esa era la única frase para atrapar a las chicas que tenía en mi repertorio). Si ella hubiera dicho «Melody», me hubiese enamorado de ella al instante. Pero dijo que su nombre era Betsy, y de todas maneras me enamoré de ella al instante. (Como ves, si en algún momento alguien necesitó buenas defensas, ¡ese fui yo!)

Mi atracción por Betsy se desarrolló con bastante rapidez. Mientras tanto, Polly se preguntaba por qué habían cesado las cartas y las llamadas telefónicas. Cuando por fin me atreví a decirle que había otra persona en mi vida, ella se sintió profundamente herida. Al terminar mi corta relación con Betsy, le rogué a Polly que tuviera misericordia de mí y que me diera otra oportunidad, pero ella no quería volver a tener nada conmigo. Para ella, la lealtad lo era todo y mi violación de dicha lealtad le dio fin a la atracción que sentía por mí.

Pero yo era de los que no se rendía con facilidad. Durante varios años estuve abogando a favor de la relación, y deseándola. Cada vez que la relación con una nueva novia se volvía turbulenta, soñaba con Polly y deseaba que fuese mía. «Todo sería tan diferente con Polly», decía entre gemidos.

Con el tiempo Polly se casó y tuvo dos hijos. Pero yo seguía tan enamorado de ella, que después de haberse separado de su esposo, nuevamente solicité con ruegos su amor. (Desde luego, esto sucedió antes de conocer a Brenda.) «Niños, deudas, bagaje —asumiré todas las responsabilidades con tal de recuperarte», fue mi súplica. Del amor infantil que sentía por Polly se pudo haber filmado una película increíblemente melodramática.

Con tal cuadro de «amor eterno» hacia Polly, no debe causar sorpresa alguna que al enamorarme y casarme con Brenda, no estuviera preparado para lo que habría de enfrentar. ¿Un apacible túnel de amor? ¡Más bien una montaña rusa!

Brenda y yo hemos tenido nuestra porción de peleas, comenzando solo unos días después de la luna de miel. Es más, en ciertos momentos durante los dos primeros años de casados, deseé nunca haber escuchado acerca del matrimonio. La mayoría de nuestros conflictos fueron por asuntos relacionados con los suegros, especialmente después que mi familia se enfrascó en una guerra con mi esposa, y yo me encontré en medio de ambos campos. Las peleas eran fogosas y arrolladoras. Como éramos jóvenes, no sabíamos pelear sin ofendernos unos a otros y a los demás miembros de nuestra familia. Así que los daños colaterales fueron considerables, ambos tuvimos grandes pérdidas.

¿Podrías adivinar quién apareció repentinamente en mis pensamientos? Mientras mi matrimonio iba en descenso, los recuerdos de Polly ascendían a mi mente cada vez más. *Bueno, Polly siempre tuvo una buena relación con mis padres. Ellos la amaban*. Y durante los días de fiesta medité en lo pacífica que hubiera sido la vida con Polly. *¿Por qué razón no puede Brenda relacionarse con mis padres? Después de todo, ¡Polly lo hacía!*

Ningún derecho

Una noche iba viajando en mi auto por una carretera de Iowa, entre Fort Dodge y Harcourt. Había luna llena y el ambiente era fresco y agradable. El recuerdo de Polly brotó en mi mente y con este también brotó cierta intuición y me dije a mí mismo: *No tienes derecho de continuar ningún tipo de relación con Polly, ni siquiera en tus pensamientos.*

¿Qué dices? ¿Ni tan siquiera el derecho de *pensar* en ella?

Eso mismo dije, mi amigo. Ni tan siquiera el derecho de pensar en ella.

¡Qué rigidez! Mi mente se rebeló ferozmente y comenzó la lucha. A mi mente *le gustaba* Polly, y *peleaba* por ella. Sin embargo, al final prevaleció la verdad. Sabía que el día de mi boda había renunciado a todas las demás. Y esta promesa tenía que hacerse realidad en la práctica, y no tan solo en palabras.

Polly fue mi novia y desde entonces había estado dentro de mi corral, pero ya era hora de abrir la puerta y dejarla ir. Tenía un esposo cuyas esperanzas y sueños estaban atados a ella, y también tenía hijos que la amaban. No tenía el derecho de continuar con mis pensamientos, aunque Polly los desconociera (y ella los desconocía). Además, Brenda merecía mucho más de mi parte.

Yo tenía que capturar todos los pensamientos relacionados con Polly y destruir mi atracción por ella. Este proceso resultó ser más sencillo de lo que creía. Borré todas las «anclas de recuerdos» destruyendo todas las tarjetas, cartas y fotografías de ella. Eliminé todo vestigio de Polly de la misma manera que el pueblo de Dios debió haber hecho con los cananitas cuando entraron a la Tierra Prometida.

Estas acciones mejoraron la situación, pero las anclas de Polly no eran el único asunto. También tenía que destruir todos los recuerdos de ella, porque estos se oponían a los deseos y las esperanzas que Dios tenía para mi matrimonio.

¿Y cómo voy a hacerlo? Me pregunté. No estaba seguro, pero tenía que intentarlo.

Primero oré pidiendo entendimiento y sabiduría, ya que no estaba seguro de lo que estaba haciendo. Entonces, dando traspiés, avancé lo mejor que pude. Comencé por usar el escudo de los derechos cada vez que recordaba a Polly. Con fría determinación declaré: *No tengo derecho alguno de pensar en Polly, y no lo voy a hacer.*

Después de hacer esta declaración, cantaba un himno o citaba un versículo bíblico. ¿Por qué? Porque aprendí desde un comienzo que si echaba fuera un pensamiento, en mi mente permanecía un vacío. Y si no llenaba dicho vacío, los «pensamientos de Polly» regresaban inmediatamente. Así que, para llenar tales vacíos cantaba en voz baja. Al principio resultó ser una ardua lucha. Terminaba de cantar un himno y los pensamientos intentaban regresar de inmediato y, por lo tanto requería varias estrofas. Al final siempre ganaba la escaramuza, pero varias horas o días después, los pensamientos regresaban, y de nuevo tenía que comenzar a luchar.

Recuerdo que durante aquellos días pensé: *No puedo tomarme el riesgo de simplemente mantener cautivos estos pensamientos en un centro de detención. ¡Tengo que aniquilarlos con una bomba atómica!* Esto era un poco gastado, pero sabía que una vez que concluyera la guerra, no debía existir duda alguna de haber logrado la victoria.

Con el paso del tiempo comencé a vencer decisivamente. Con la práctica, podía atrapar cualquier pensamiento impuro que intentara acercarse, sin tener que cantar y sin tener que llenar el vacío. Desaparecía con solo desear que desapareciera. Y después de un poco más de tiempo, los pensamientos sobre Polly desaparecieron por completo. Por último mi cerebro logró entender que los «pensamientos Polly» no estaban aprobados.

Proyectiles satánicos

Sin embargo, como previamente mencionamos, existe un segundo peligro si no cuidamos este asunto de las atracciones dentro del corral. Si eres descuidado, Satanás podría lanzar un proyectil a tu matrimonio, y en un breve instante destruir tu mundo.

Hace varios años noté un problema en Don, un amigo que estaba casado. Él no me lo había comunicado, pero en varias ocasiones en que lo visité en su hogar, noté que sus dedos vacilaban sobre el control remoto al pasar por los canales de películas donde había escenas sexuales. Y aunque dicha vacilación era casi imperceptible, la reconocí con facilidad. Sus ojos no tenían defensa alguna, y me di cuenta de lo que había estado mirando. Lo que yo no sabía, hasta que fue demasiado tarde, era lo que también había estado *pensando*.

Don y su esposa tenían problemas. En cuanto a él, lo peor del caso eran las frustraciones sexuales. Me dijo: «Sencillamente Joann no me satisface. Satisfacerme no requiere de mucho, porque no soy de los que piden mucho. Lo único que deseaba hacer era besarnos al estilo francés. Ella simplemente no lo quería hacer. Comenzábamos a acariciarnos y mientras la cosa se iba calentando, yo intentaba besarla al estilo francés. Ella siempre se enojaba y se apartaba de mí. Considera que es sucio y que le causa náuseas. No entiendo por qué besarse al estilo francés es más sucio que cualquier otro beso. ¡Es la misma saliva! Además, la Biblia dice que su cuerpo no le pertenece, sino que es mío. La Biblia me otorga el derecho a la satisfacción sexual, y como mi esposa que es, me *debe* dicha satisfacción. No es justo, y no sé qué hacer».

Lo cierto es que Don ya había decidido lo que iba a hacer: Volver sus pensamientos hacia su antigua novia, donde podía soñar despierto acerca de sus besos al estilo francés y lo que pudo haber sido. A ella le *encantaba* besar al estilo francés. Don estaba listo para que lo conquistaran.

Durante varios años él no había escuchado absolutamente nada de su antigua novia, y supuso que sus pensamientos eran inofensivos. ¿Qué mal podrían hacer? Ni siquiera conocía dónde se encontraba, pero Satanás sí lo sabía. Inesperadamente llamó a Don por teléfono y le dijo que pronto estaría de paso por su pueblo. La mente desprevenida de Don se dejó llevar por las posibilidades de dicho encuentro en un momento en que sus perímetros de defensa estaban desactivados.

Ambos llegaron juntos a un hotel, y ¡BAM! Él nunca pensó que esto le podía ocurrir, pero en un golpe devastador, su matrimonio se destruyó en mil pedazos. No pudo decir no.

Moraleja: *No tienes* derecho alguno de sostener cualquier relación con una ex novia o ex esposa, si es que sigues alimentando una atracción por ella.

Esposas de amigos

Tal vez pienses que las aventuras amorosas como las de Don suceden con tan poca frecuencia que confiadamente puedes decir: «¡Pues *yo* nunca haría tal cosa!» Pero si eres inteligente, debes entender que tales palabras carecen de sentido. Te instamos: Por favor, protégete. No andes sin protección, porque sí te *pueden* engañar.

Lo que hay en juego es demasiado para descuidar tus defensas con cualquiera, y eso incluye las esposas de tus amigos. Si tu mejor amigo te entregase todas sus posesiones terrenales y te pidiera que cuidaras de ellas, lo más probable es que las invertirías sabiamente evitando todo tipo de riesgos. Aun más importante es no arriesgarse con su esposa, el más preciado de sus amores.

¿En algún momento has sentido atracción por la esposa de un amigo? Sin perímetros de defensa, probablemente has tenido muchas atracciones. Eres hombre. Las atracciones suceden. Entonces, ¿qué debes hacer?

Nuevamente, debes comenzar con la verdad: *No tengo derecho alguno de relacionarme con la esposa de mi amigo, aparte de la relación con mi amigo.* De manera especial debes recordar que no hay nada más peligroso que hablar con la esposa de un amigo cuando las cosas están secas en tu matrimonio o en el de ella.

No es que desconfíes de la esposa de tu amigo, es que no quieres comenzar algo. Ella debe ser como una hermana para ti, sin el más mínimo indicio de atracción entre ustedes.

Siempre vas a tener *algún* tipo de relación con la esposa de tu amigo, pero limítala a cuando él esté presente. Esto no es siempre posible, pero estas sencillas reglas pueden protegerte de sorpresivos ataques dentro de tu corral:

1. Limita todas las conversaciones entre la esposa de tu amigo y tú, a menos que tu esposa o amigo estén presente. Mantén toda conversación breve y liviana, como la vainilla.
2. Si telefoneas a tu amigo y él no se encuentra en casa, no prolongues la conversación con su esposa. No seas áspero, pero tampoco planifiques dialogar con ella más que un breve momento.
3. Si pasas por la casa de tu amigo y él no se encuentra, ella podría invitarte a pasar. ¿Qué debes hacer en tal caso? Cortésmente declina entrar. ¿Qué propósito podría lograrse con entrar?
4. Captura cualquier atracción que puedas sentir por la esposa de tu amigo y aniquila esa atracción por completo. Regresa a las reglas de no alimentar los ojos y llevar cautivo tales pensamientos. Nunca te digas: «No hay problema alguno, puedo lidiar con el asunto». Deliberadamente tienes que arrancar de ti los pensamientos de forma tal que ella no perciba tus señales de atracción y decida devolver algunas de las suyas. No le brindes la oportunidad de devolver ni una sola señal.

Tal vez consideres que estas precauciones son demasiado estrictas y exigentes, pero estamos ofreciendo medidas de seguridad. En la práctica, este método no es restrictivo. Las esposas de tus amigos están con tus amigos la mayor parte del tiempo, así que las reglas no aplican tan a menudo. Casi nunca estarás a solas con la esposa de un amigo.

«Lo que Dios juntó, no lo separe el hombre». Protege las esperanzas y sueños de tu amigo con la misma diligencia que proteges tus *propios* sueños y esperanzas. Tú eres su amigo. Si consideras las estadísticas de divorcio dentro de la iglesia, un simple perímetro de defensa no es mucho pedir de ti mismo.

Permíteme darte un consejo para una situación especial: Si eres soltero y una amiga cercana se casa, debes disponerte a dejar que la relación se desvanezca con cortesía y prontitud. El matrimonio cambia las cosas. Ya ella no es la misma persona. De manera misteriosa, ahora ella es una sola carne con otro hombre. Ella debe dedicarse a construir su relación matrimonial, y junto a él encontrar «amistades casadas».

De Fred: Aprende una lección

Antes de conocer a Brenda, mi mejor amiga era una mujer llamada Terry que vivía en el apartamento encima del mío. Ella tenía un novio a quien le era fiel, y en aquellos momentos yo no estaba buscando novia, por lo tanto nos relacionábamos de lo mejor. Con frecuencia nos sentábamos durante horas mientras ella dialogaba sobre sus inseguridades, temores y frustraciones. Yo acababa de regresar a Iowa, luego de vivir en California, y ella era la única amiga cercana que tenía.

Fue entonces que conocí a Brenda, a quien mayormente estuve cortejando por teléfono durante nuestros siete meses de romance. Como ella vivía en otra ciudad a tres horas de distancia, Brenda tenía muy poco que ver con Terry. Poco tiempo después de nuestra boda le dije a Brenda que estaba planeando ir el próximo miércoles a almorzar con Terry.

—¿Por qué? —preguntó Brenda.

—Mayormente para ponernos al día.

—¿Y yo estoy invitada?

—Bueno, es que ella tiene ciertos problemas personales que desea contarme, y como ustedes no se conocen es posible que no se sienta cómoda para contarme sus problemas en presencia tuya.

—Creo que esto no me gusta mucho.

—¿Por qué? —le pregunté—. Siempre hemos sido solo amigos.

—Bueno, en primer lugar —comenzó a decir ella—, no me siento muy cómoda con tener amigos del sexo opuesto por separado, sin incluir al otro. Además, no se ve bien que te vean almorzando solo con una mujer soltera. ¿Qué sucedería si alguno de la iglesia te ve? Sencillamente no me siento bien al respecto.

—¿Tú confías en mí, verdad?

—Yo confío en ti. Sé que ella tiene un novio y por el momento confío en sus motivos. Pero, ¿y si sus motivos cambiaran en el futuro? Yo no estaré presente para percibirlos.

Medité seriamente en el razonamiento de Brenda, y finalmente cancelé la cita para ir a almorzar. Lo que me dijo tenía sentido. Aprendí que salir a almorzar con Terry no era lo más apropiado para mí.

Me alegré de haber seguido el consejo de Brenda. Al enfrentar las luchas durante los dos primeros años de mi matrimonio, me alegré de que solo tuviera que luchar con los recuerdos de Polly. Si Terry hubiera estado cerca, quién sabe lo que habría sucedido. Aunque nunca estuvimos románticamente involucrados, nuestra amistad e intimidad se pudo tornar romántica. Como nuevo creyente, ¿hubiera podido resistir enamorarme de ella? Si tomo en consideración mi experiencia pasada, me alegro de que Brenda rompiera esa relación desde un principio.

Algunos dirían que todas las relaciones similares a estas con el sexo opuesto deben morir el día que uno se casa. Aunque yo no iría tan lejos, *sí* creo que esas relaciones se deben vigilar. Ser cuidadoso es sabio.

Sacrificio y bendición

En su libro *The Final Quest,* [La búsqueda final] Rick Joyner escribe lo siguiente: «Lo que siempre dicta la madurez espiritual es la disposición de sacrificar nuestros propios deseos por los deseos de los demás, o por los intereses del reino».

Purificar nuestros ojos y mente es mucho más que un mandato, también es un sacrificio. Y al hacer dicho sacrificio, y rendir tus deseos, fluirán las bendiciones. Tu vida espiritual experimentará un nuevo gozo y poder, y tu vida matrimonial florecerá al mismo tiempo que tu relación matrimonial ascenderá a nuevos niveles.

Experimentar esa relación con todo tu corazón, es el tema principal de la última parte de este libro.

Del corazón de una mujer

Brenda detestó esta sección. «Los hombres parecen cerdos pocos confiables cuyas mentes y pensamientos andan dondequiera que lo desean», comentó ella. «¿Acaso no hay *nada* sagrado para ellos? Como mujeres, ¿podemos confiar en los hombres después de leer esto? Ni siquiera se puede confiar en que un pastor sea una persona pura. Si algo le sucediera a Fred, creo que nunca me volvería a casar porque no les tengo confianza a los hombres».

Brenda también pensó que en este capítulo Fred se había presentado como un hombre poco confiable, especialmente al hablar sobre Polly y Terry. Ella dijo que quizá los hombres no lo lean de esa manera, pero que las mujeres sí lo harían.

No podemos negar sus comentarios, porque Fred *era* poco confiable. ¿Cómo poder evitarlo? Para los hombres, las atracciones parecen suceder con mucha facilidad. Es parte de ser hombre. Por supuesto, las mujeres también pueden sentir atracción por otros hombres; solo que no sucede con tanta frecuencia como la atracción que los hombres sienten por las mujeres.

Brenda dijo: «Casi nunca presto mucha atención a otros hombres. Quizá note un tipo bien parecido, pero nunca le dedico más que un pensamiento pasajero. Antes de casarme me preocupaba pensar si en algún momento me sentiría atraída hacia otro hombre. Por alguna razón eso es algo que nunca ha estado cercano a suceder. Me imagino que esto podría sucederles a mujeres cuyos esposos son infieles o cuyos esposos son hombres vagos e insensibles».

Deena estuvo de acuerdo: «En realidad tengo problemas para entender esto. Como mujer, no tengo tal problema».

Cathy, por otro lado, expresó una leve concesión: «Cuando veo un hombre que es físicamente atractivo, tal vez lo mire y aprecie, pero no me detengo a observarlo. He aprendido a trascender más allá de la etapa del enamoramiento, y me imagino que quizá sea alguien que tiene mal aliento, se mete los dedos en la nariz y es infiel a su esposa. Y aunque no lo sea, no tengo ningún derecho de tener fantasías con esta persona».

Algunos hombres parecen tener muy pocos problemas en esta campo. Tanto Andrea como Heather dijeron que aunque sus esposos tuvieron problemas con los ojos, ellas estaban seguras de que sus esposos no enfrentaban este problema particular con sus mentes.

Por supuesto, la mayoría de las atracciones que los hombres enfrentan no son repentinas, y las más peligrosas son las atracciones que se van desarrollando poco a poco. Hasta las mujeres que no sienten tales atracciones, son susceptibles a las atracciones que paulatinamente se van formando, y también deben estar preparadas. Las estadísticas sobre el adulterio son sorprendentes, y ambos sexos deben entender cuán peligrosas pueden ser las atracciones.

Sexta Parte

Victoria en tu corazón

capítulo 17

Aprecia a tu escogida

Los perímetros de defensa exterior que protegen tus ojos y tu mente, te defenderán de las impurezas sexuales garantizando que ante tus ojos, tu esposa permanezca como la escogida y sin comparación.

Ahora vamos a hablar sobre un tercer perímetro, tu perímetro interno, el cual tiene que ver con dejarte consumir por el propósito divino de apreciar a tu esposa.

Donde primero se demuestra tu compromiso con Dios

Si los propósitos divinos consumieran a los cristianos, nuestros matrimonios serían lo primero en reflejarlo. Pero el índice de divorcios, adulterios e insatisfacción matrimonial en las iglesias cristianas, revelan lo que verdaderamente hay en nuestros corazones.

Hemos conocido a muy pocos hombres que estén apasionadamente absorbidos por sus matrimonios, y menos aun que los consuma la pasión por la pureza, pero ambos son el deseo de Dios para ti. El propósito de Dios para tu matrimonio es que el mismo sea semejante a la relación de Cristo con su iglesia, que llegues a ser uno con tu esposa.

Pero, ¿qué tiene que ver la norma de la relación de Cristo y su iglesia con nuestra pureza sexual? A menudo tenemos en el corazón actitudes y expectativas egoístas respecto a nuestras esposas. Cuando estas expectativas no se suplen, nos sentimos malhumorados y frustrados. Se corroe nuestra voluntad de mantener los perímetros de defensa externos. *Bueno, si ella va a ser así, ¿para qué entonces pasar tanto trabajo esforzándome por ser puro? Ella no se lo merece.* Nos vengamos apartándonos de nuestras responsabilidades, pero apreciar a nuestras esposas incluye ser sexualmente puros. Si esta defensa interior nos falla, los perímetros externos de los ojos y de la mente también nos pueden fallar... y con bastante rapidez.

Quizá te sea difícil *apreciar* a tu escogida. Entendemos tal sentimiento. Apreciar significa tratarla con ternura y tenerla en alta estima, y quieres sentir el impulso romántico de hacer esas cosas. Pero, ¿qué pasa si no sientes hacerlo? Algo con tales ramificaciones sobre tu pureza sexual y sobre la misma fortaleza de tu matrimonio, no es algo que solo pueda dejarse a la merced de los sentimientos.

Qué se siente cuando uno aprecia y quiere

¿Qué se siente cuando uno aprecia y quiere? ¿Se siente tu esposa apreciada? Durante varios siglos el Cantar de los Cantares de Salomón a menudo se ha reconocido como una alegoría de cómo se siente Cristo acerca de Su novia y cómo se siente ella en respuesta a estos sentimientos. Recuerda esta interpretación al leer las porciones siguientes (condensado de los capítulos 4-7).

Considera primero los sentimientos de Jesús hacia Su novia:

He aquí que tú eres hermosa, amiga mía;
he aquí que tú eres hermosa;
Tus ojos entre tus guedejas como de paloma...
Tus labios como hilo de grana,
Y tu habla hermosa...
Toda tú eres hermosa, amiga mía,
Y en ti no hay mancha...
Prendiste mi corazón, hermana, esposa mía;
Has apresado mi corazón
con uno de tus ojos
Con una gargantilla de tu cuello.
¡Cuán hermosos son tus amores, hermana, esposa mía!
Tu cabeza encima de ti, como el Carmelo;
Y el cabello de tu cabeza,
como la púrpura del rey
Suspendida en los corredores.
¡Qué hermosa eres, y cuán suave,
Oh amor deleitoso!
(Cantar de los Cantares 4:1,3,7,9-10; 7:5-6)

Observa ahora los sentimientos de la iglesia hacia Jesús:

Mi amado es blanco y rubio,
Señalado entre diez mil.
Su cabeza como oro finísimo;
Sus cabellos crespos, negros como el cuervo…
Su paladar, dulcísimo, y todo él codiciable.
Tal es mi amado, tal es mi amigo…
Yo soy de mi amado,
Y conmigo tiene su contentamiento…
Levantémonos de mañana a las viñas…
Allí te daré mis amores.
Las mandrágoras han dado olor,
Y a nuestras puertas hay toda suerte de dulces frutas,
Nuevas y añejas, que para ti, oh amado mío, he guardado.
(Cantar de los Cantares 5:10-11,16; 7:10,12-13)

¿Puedes captar el deseo de Jesús por ti como parte de su Novia? Y como respuesta, ¿existe el mismo anhelo por Él en tu corazón?

Porque nuestra relación matrimonial debe ser semejante a la relación de Cristo con la Iglesia, nuestros sentimientos por nuestras esposas deben ser semejantes a estos pasajes.

Qué gran recuerdo es este de lo emocionante que podría ser el amor, especialmente cuando se canaliza en la persona que Dios escogió para nosotros.

De Fred: atrapado en las condiciones

¿Sientes estas cosas por tu esposa? Yo no las he sentido siempre.

¿Recuerdas aquellas pruebas de sorpresa en la escuela; un cierto tipo de diabólico suero que usaban los malvados maestros con el propósito de exponer al mundo tus conocimientos (o la falta de los ellos)? A Dios le encantan las pruebas sorpresas, pero Él no las usa para probar nuestro *conocimiento.* Él prueba nuestro carácter.

Estos pensamientos vienen a mi memoria al recordar los dos primeros años de mi matrimonio cuando Brenda y yo nos tambaleábamos ante los problemas que teníamos con mi familia. Nuestro matrimonio languidecía con rapidez.

Durante una celebración del Día de los Enamorados, fui a comprar una tarjeta. Sin previo aviso, esto se convirtió en una prueba sorpresa de parte de Dios. Mientras movía mis dedos sobre las tarjetas, iba leyendo el texto en cada una de ellas. Una tras otra las devolví al estante por ser «demasiado sentimental», «demasiado artificial» o «demasiado romántica». Poco a poco me fue inundando el pánico al percatarme de lo inevitable. Yo no podía enviar ni una sola de las tarjetas de San Valentín que había en la tienda con una sola pizca de sinceridad.

Cabizbajo me apresuré a salir de la tienda, reconociendo la profundidad de nuestra pérdida. ¿Y mi calificación en la prueba? ¡Repugnante!

¿Y tú? ¿Estás apreciando a tu esposa? ¿Te sientes apreciado?

De no ser así, es probable que hayas llegado a ese estado de la misma manera que yo, quedándote corto en cuanto a las normas de Dios. La norma que Dios estableció es que la ames y aprecies incondicionalmente, a pesar de todo. *Sin* condiciones. Pero en los Estados Unidos, hemos añadido términos que son excesivamente escrupulosos para establecer «contratos condicionales».

Si yo hubiera estado viviendo de acuerdo con los propósitos divinos, no habría añadido condiciones algunas. Pero en mi matrimonio, mis condiciones eran que yo amaría y apreciaría a Brenda, *si* ella hacía las paces con mi familia y adoptaba una postura positiva.

Cuando establecemos condiciones, fijamos nuestra mirada en lo que esperamos obtener del matrimonio. Desde luego, no hay nada malo con esperar recibir algo, y en las clases prematrimoniales siempre hago la siguiente pregunta: *¿Qué esperas conseguir de tu matrimonio que no podrías conseguir quedándote soltero?* Estamos esperando un Edén, donde nuestras necesidades se suplen y nuestros sueños se cumplen.

El problema surge cuando esperamos que nuestras esposas hagan estas cosas por nosotros, bajo condiciones contractuales. Con Brenda, brotaron la ira y el resentimiento cuando sentí que ella no estaba cumpliendo con la parte del contrato que le correspondía. Y desde ese momento, no tuve más deseo de mimarla y apreciarla.

Con ese tipo de enfoque, la unidad en un matrimonio no puede madurar. Por ejemplo, Bill expresó lo siguiente sobre su esposa: «Ella estaba demostrando una tremenda falta de ambición. Yo esperaba que de casado los dos continuásemos con nuestras carreras y que edificáramos nuestras vidas financieramente, mientras estuviéramos jóvenes. Pero ella no está haciendo lo que pensé que haría, y la realidad es que hasta cierto punto me parece un tanto vaga y egoísta. Luego salió encinta. Después de varios meses me dijo: "No me agrada mi apariencia, por lo tanto, no quiero que tengamos relaciones hasta que nazca el bebé". Esto me pareció muy injusto.

»Mientras más pensaba en no tener relaciones más me molestaba y pensé que si ella iba a vivir como bien le viniera en gana, yo también viviría como mejor me gustara. Según la Biblia tengo derecho a la satisfacción sexual, y de una u otra manera la obtendré. Fue así como me involucré en una aventura amorosa». Esa es una débil excusa para cometer adulterio, pero sus semillas ya estaban en el enfoque de Bill en cuanto a lo que quería sacar del matrimonio.

Este tipo de contrato condicional no funciona, porque lo escribimos sobre la marcha. A pesar del tiempo que pasemos en el noviazgo, realmente nunca nos conoceremos lo suficiente para cubrir las condiciones escondidas o cambiantes que hay en el corazón y la mente.

Por ejemplo, ¿cómo pude yo haber anticipado los enormes problemas con mi familia, y cómo podía Brenda haber anticipado mi temperamento fuera de control? Le hice hoyos a las paredes con mis puños. Arrojé una olla llena de sopa de frijoles por todo el piso de la cocina. ¿Cómo podía ella esperar algo parecido?

Un contrato matrimonial condicional define originalmente lo que esperamos sacarle al matrimonio. Y mientras pasa el tiempo y aprendemos más, añadimos más expectativas y requisitos, hasta que ya casi no reconocemos el contrato original. *¡Espera un minuto! ¡Esto no está resultando como yo esperaba! ¡Voy a salirme de esto!*

Brenda y yo llegamos al momento de la verdad, poco después que aquella sopa de frijoles cayó al suelo. Ella simplemente me dijo: «No sé cómo decirte esto, pero mis sentimientos por ti han muerto». Ella se preguntó si debíamos considerar el divorcio.

Me sacudió escuchar esas palabras. Como un hijo de padres divorciados, los antiguos sentimientos de horror de nuevo inundaron mi vida.

No importa todo el cascajo

Pasaron varios días. Y en cierta ocasión, mientras Brenda estaba en el trabajo, me detuve frente a la nevera y saqué un medio galón de leche. Sus palabras me produjeron una fuerte opresión en el pecho. Me serví un vaso de leche, cerré la nevera e hice una pausa.

Tenía que hacer algo.

Levanté la mano derecha y con un dedo señalando el cielo hice la siguiente declaración: «Dios, no importa cuánto cascajo tenga que comer, *nunca* me divorciaré».

Al fin pude comprender la promesa que hice el día de mi boda. Mi promesa no era condicional. Si ella decide alimentarme con carne y papas, me la comeré. Si decide alimentarme con cascajo, me lo comeré. Yo iba a cambiar, o tolerar, o amar de cualquier manera que fuese necesaria, pero iba a cumplir mi promesa de amar y apreciar a mi esposa, costara lo que costara.

Tal vez preguntes: «¿Y qué tiene que ver lo de comer cascajo con apreciar a tu esposa? ¿Cedo todo lo que poseo con tal de estar en paz? ¿Y qué de *mis* derechos?»

Bueno, tú tienes algunos derechos, y con esto no estamos diciendo que tu esposa no tenga sus propias responsabilidades que cumplir. Pero, de las innumerables maneras que nos damos codazos dentro de este espacio compartido al que llamamos matrimonio, nuestro enfoque debe concentrarse en *nuestros* filosos bordes y no en los de ella.

Dios siempre supo que los matrimonios que están arraigados en contratos se secarían, y es por esa razón que estableció los pactos incondicionales. Él sabía que las condiciones cambian.

Dios nunca olvida lo que a menudo nosotros olvidamos, a saber, la maldición del Edén es una maldición moledora. La vida es una aplanadora que aplasta las condiciones como si fueran panqueques y con facilidad destruye los ingenuos contratos que creamos. En nuestros sueños sobre el matrimonio, quizá olvidamos que todavía tenemos que trabajar largas horas al día para ganarnos el pan con el sudor de nuestra frente, y que no siempre podremos vernos tanto como lo deseamos. Tal vez olvidamos que a veces los jefes nos golpearán y usarán, y nuestra mente estará tan entumecida que no sentiremos ni el más mínimo deseo de hablar cuando lleguemos a casa. Quizá olvidamos que junto con el dolor del parto los cuerpos nunca vuelven a recuperar su antigua figura.

Cualquier número de pruebas y tribulaciones podrían hacer que las condiciones fueran imposibles de satisfacer, pero de todos modos demandamos garantías, exigimos algún tipo de Edén para nuestros matrimonios, cuando en todo momento nuestra obligación es apreciar incondicionalmente a nuestras esposas.

Esto no se asemeja mucho al Edén. No nos gusta el lugar que debemos ocupar. Por lo tanto, nuestras defensas internas ceden, y perdemos toda preocupación por cumplir los propósitos de Dios.

Un hombre con plena fidelidad

Ahora queremos dirigir tu atención a un hombre en la Biblia que amaba el lugar que ocupaba y amaba los propósitos divinos.

Todos los hombres deberían ser tan fieles como lo era él, apreciando tanto al Rey como a su esposa.

Este hombre se llamaba Urías.

En 1 Crónicas 11 vemos que Urías aparece en la lista como uno de los «valientes de David», los hombres que «le ayudaron en su reino, con todo Israel, para hacerle rey sobre Israel, conforme a la palabra de Jehová» (11:10).

Es fácil ver que Urías estaba consumido con los propósitos de su rey David. También se sentía apasionadamente consumido con los propósitos de Dios. Urías estuvo al lado de David en las cuevas mientras Saúl los perseguía. Lloró junto a David mientras sus hogares ardían en llamas en Ziglar. Vitoreó hasta quedarse ronco durante la coronación de David, y batalló intrépidamente por lograr la extensión del reino de David sobre todo Israel. Juró por su vida que haría cumplir los propósitos divinos, Urías expuso su vida a toda clase de peligro a favor del trono de David.

¿Te parece conocido? Hiciste juramento de por vida con otra persona, ¿verdad? Ante familiares y amigos juraste honrar y amar a tu esposa, y abandonar todas las demás. Prometiste que ella obtendría mucho más de casada que lo que pudiera tener de soltera. ¿Te sientes consumido por este compromiso? ¿Lo suficientemente apasionado como para vivir siéndole fiel y amándola por completo? ¿Lo suficientemente apasionado como para exponerte al peligro y comer cascajo hasta que los propósitos divinos, y los tuyos, sean finalmente establecidos en tu tierra?

Urías estaba consumido hasta ese extremo. Su fidelidad era completa, pero por desgracia, la fidelidad de David no lo era. Se acostó con Betsabé, la esposa de Urías. Y cuando ella quedó embarazada, él se vio enredado en un gran problema. Como siempre, Urías se encontraba en el campo de batalla defendiendo los intereses de David. El embarazo de Betsabé era indicio de una sola cosa: David, no Urías, era el padre.

David enfrentó la situación fabricando una artimaña. Le ordenó a Urías que regresara del campo de batalla. Su plan era enviar rápidamente a Urías de regreso a su casa para que pasara una cálida y cómoda noche con su esposa Betsabé. Si David procedía con suficiente premura, la gente supondría con naturalidad que el hijo era de Urías.

La fidelidad de Urías hacia el rey era tan completa, que trágicamente el plan de David no funcionó:

> Después dijo David a Urías: Desciende a tu casa y lava tus pies. Y saliendo Urías de la casa del rey, le fue enviado presente de la mesa real.
>
> Mas Urías durmió a la puerta de la casa del rey con todos los siervos de su señor, y no descendió a su casa. E hicieron saber esto a David, diciendo: Urías no ha descendido a su casa. Y dijo David a Urías: ¿No has venido de camino? ¿Por qué, pues, no descendiste a tu casa? Y Urías respondió a David: El arca e Israel y Judá están bajo tiendas, y mi señor Joab, y los siervos de mi señor, en el campo; ¿y había yo de entrar en mi casa para comer y beber, y a dormir con mi mujer? Por vida tuya, y por vida de tu alma, que yo no haré tal cosa.
>
> Y David dijo a Urías: quédate aquí aun hoy, y mañana te despacharé. Y se quedó Urías en Jerusalén aquel día y el siguiente. Y David lo convidó a comer y a beber con él, hasta embriagarlo. Y él salió a la tarde a dormir en su cama con los siervos de su señor; mas no descendió a su casa. (2 Samuel 11:8-13)

¡Observa a Urías! Tenía tanta pasión por los propósitos divinos que rehusó descender a su casa aunque solo fuera para lavarse los pies. Su fidelidad era tan firme, que ni estando borracho se apartó de su compromiso ni del celo que lo caracterizaba. Su pureza de alma era tan grande, que ningún truco forjado en su contra lo pudo vencer. Dios no iba a permitir que el sencillo engaño de David cubriera su gran pecado en contra de Dios, y en contra de Urías, el siervo escogido de Dios. Dios amaba a Urías, y Dios amaba el amor que Urías le tenía a Betsabé.

Urías conocía el lugar que ocupaba. Estaba satisfecho con formar parte de los propósitos divinos y cumplir con su papel.

Para ser como Urías, tenemos que conocer el lugar que ocupamos, y sentirnos contentos con él.

Tu corderita

¿Qué significa amar, apreciar o estimar? No tenemos que buscar la respuesta más allá del ejemplo de Urías, porque el profundo aprecio que sentía por Betsabé era transformador.

Después que David hizo los preparativos para asesinar a Urías en medio de la batalla, Dios envió a su profeta Natán para que confrontara a David con su pecado. Y pintó un cuadro con palabras cuya historia reveló el sentir de aprecio y estima que había en el corazón de Urías hacia Betsabé:

> Jehová envió a Natán a David; y viniendo a él, le dijo: Había dos hombres en una ciudad, el uno rico, y el otro pobre. El rico tenía numerosas ovejas y vacas; pero el pobre no tenía más que una sola corderita, que él había comprado y criado, y que había crecido con él y con sus hijos juntamente, comiendo de su bocado y bebiendo de su vaso, y durmiendo en su seno; y la tenía como a una hija.
>
> Y vino uno de camino al hombre rico; y éste no quiso tomar de sus ovejas y de sus vacas, para guisar para el caminante que había venido a él, sino que tomó la oveja de aquel hombre pobre y la preparó para aquel que había venido a él. (2 Samuel 12:1-4)

El hombre rico en la historia representaba a David, quien vio a Betsabé solo como alguien a quien él podía devorar para satisfacer sus deseos sexuales, pero Urías «el hombre pobre», tenía a su «corderita» como el gozo de su vida, la mascota que apreciaba y que dormía entre sus brazos. Urías tenía una sola esposa; un hombre fiel como él solo podía tener una sola esposa. Su corderita, Betsabé, danzaba, se divertía y se reía con él, trayendo gran gozo.

Su corderita, nos dice el pasaje que Urías «la tenía como a una hija». ¿Tienes hijas? Si tienes hijas, entonces entiendes lo que el Señor pretende comunicarnos aquí. El amor que uno siente por una hija es especial, y es fácil apreciar y mimar a las hijas. De sus labios brotan comentarios sobre ositos de jugar o muñecas Barbies, o sobre una niña de la escuela que tiene piojos en el pelo o sobre algún chico que escupe en el patio de la escuela. Cuando sonríen, sus ojos resplandecen. Nos encanta cuidarlas y hacerles bromas. Nos encanta caminar con ellas por la orilla del río con los brazos entrelazados, solo por estar con ellas. Y por encima de todo, nos encanta cuando se duermen en nuestros brazos. Apreciamos la esencia misma de quienes son.

¿Es tu esposa tu corderita?

Quizá te sientas incómodo con esta representación que hasta podría parecerte un poco chauvinista. Ciertamente no la estamos usando para describir niveles relativos de fortaleza o habilidad. (*De Fred:* Esto lo conozco por experiencia propia. Brenda, mi esposa, es una enfermera muy capaz y madre de cuatro hijos, con firmes puntos de vista sobre todo tipo de asuntos. Sin embargo, cuando en un momento de ternura le dije a Brenda que deseaba tratarla como a una corderita, ella se sintió honrada en vez de ofendida.)

La Biblia usa este término para captar un mensaje celestial. Del mismo modo que Betsabé era valiosa ante los ojos de Urías, así también de valiosa es tu esposa, tu escogida. Ella vive contigo y se acuesta entre tus brazos. Ella se debe mimar y apreciar, no por lo que hace por ti, sino por quien es en esencia, por su valor ante Dios como hija creada a Su imagen. Te encargaron la preciosa esencia de otra alma humana, tan valiosa ante Dios que antes de la fundación del mundo Él planificó pagar el más alto precio por redimirla.

A pesar de los escombros que actualmente haya en tu matrimonio, o la lista de condiciones que no se hayan cumplido, le debes a Dios el cuidado de tal esencia. Cuando te detienes a mirar profundamente en los ojos de tu esposa, más allá del dolor, las heridas y las peleas, aún podrás encontrar a esa ovejita que te devuelve la mirada, esperando todas las cosas y confiando.

Aunque lo sientas o no

Dios te confió a tu esposa y ella se entregó confiadamente a tu cuidado. ¿Cómo podemos confiar un regalo tan valioso a un concepto de apreciar y mimar que solo se base en efímeros sentimientos? A los cristianos les encanta decir: «El amor no es un sentimiento, es un compromiso». Pues ha llegado el momento de prestarle atención a tales palabras. Estamos endeudados con ese tipo de amor, a pesar de nuestros sentimientos.

En nuestra sociedad, tenemos clases de «entrenamiento pro sensibilidad» y clases de «enriquecimiento transcultural». Creemos que con solo enseñar a las personas a tener los sentimientos «correctos», obtendremos como resultado que actúen correctamente. Sin embargo, Dios nos dice en la Biblia precisamente lo contrario. Primero tenemos que actuar correctamente, y entonces los sentimientos correctos se manifestarán.

Si no sientes deseo alguno de apreciar, hazlo de todas maneras. Tus sentimientos correctos pronto se manifestarán.

Recuerda, la Biblia dice que Dios nos amó aunque éramos pecadores. Sin duda, amar al desgarbado es el fundamento del carácter de Dios, y *apreciar* al que no merece gracia es su lecho de roca. Ya que Cristo murió por la iglesia —los desgarbados— y ya que nuestro matrimonio debe ser paralelo a la relación de Cristo con la iglesia, no tenemos excusa alguna cuando rehusamos amar y apreciar a nuestras esposas. Dios nos amó antes de que tuviésemos valor alguno; menos que esto no podemos hacer con nuestras esposas.

capítulo 18

¡Lleva el honor!

Hemos estado hablando acerca de apreciar a nuestras esposas, tratarlas con ternura y quererlas mucho, a pesar de nuestros sentimientos. Permite que este último capítulo sirva como un recordatorio al experimentar la maravilla de lo que ella te ha dado y el enorme honor que es poder llevar su batuta. ¡Lleva el honor con nobleza!

De Fred: honra a sus padres

Como padre, soy yo quien lleva la batuta de mi hija. Recuerdo el día en que nació. Recuerdo mecerla cuando era una bebé y estaba enferma. Tenía una fiebre tan alta que sus ojos se quedaban en blanco. Después que la llevamos deprisa al médico, estaba tan aletargada que ni siquiera sintió la inyección que le administraron. Recuerdo la vez en que se fracturó el dedo con la puerta del auto, y la apreté fuertemente entre mis brazos. Recuerdo el día en que ganó una audición para interpretar a uno de los personajes en un drama, y ensayé con ella una y otra vez. Recuerdo que noche tras noche le repasaba las tarjetas de matemática.

Cuando el balón de voleibol rebotó fuertemente a sus pies tres veces seguidas durante una reunión familiar, la acurruqué entre mis brazos para que pudiera esconder sus lágrimas en mi pecho mientras decía entre sollozos: «Todos piensan que no sirvo». El resto del día permanecí cerca de ella, defendiendo su honor y con desfachatez retando otro rebote en contra de mi «Princesita».

Me esforcé arduamente mientras Laura aprendía a nadar y sudé hasta más no poder cuando la enseñé a montar bicicleta. Hablé con ella sobre la escuela intermedia, y cómo era que ella se encontraba en la cúspide de la adolescencia. A menudo caminé con ella hasta el altar, mano a mano, ayudándola en su crecimiento y comprensión espiritual.

Aprendí a peinarla para que siempre se viera bonita, incluso cuando mamá estaba de viaje. Le compré varias cosas que en realidad no necesitaba —cuadros y anacardos— solo porque yo sabía que a ella le gustaría.

Soy yo quien lleva la batuta del cuidado de mi hija, y ningún recorte de pelo moderno, auto veloz o dulce sonrisa me lo arrebatará de mi mano mediante el engaño. Mi inversión es demasiado sustancial. Mi futuro yerno me la deberá en grande, ¡y será mejor que aprenda a honrarla!

Cuando fui a pedirle a mi suegro la batuta de Brenda, él se encontraba en su lecho de muerte. De vez en cuando recuperaba las fuerzas, pero ambos sabíamos que su tiempo en esta tierra estaba a punto de terminar. Entré a su habitación en el hospital, mucho más fuerte que él, pero mucho más asustado. Sabía cuánto amaba a su hija. Supe de la ocasión en que la abrazó y la dejó llorar después que llegó a casa con un horrible recorte de cabello. Supe del inmenso orgullo que sintió al obsequiarle un auto usado Chevy Nova de color rojo. Yo sabía cómo él solía nadar en el mar mientras ella se sentaba en su estómago como si fuera una barcaza que alegremente flotaba entre las olas. Sabía todo lo diligente que fue para criarla en pureza, manteniéndola en la iglesia y alejada de influencias impúdicas en su vida.

Le pedí la mano de Brenda en matrimonio, y luego me dijo algo que por siempre permanecerá grabado en mi memoria: «Aunque no te conozco muy bien, sé que eres el tipo de hombre que cumplirá lo que promete. Sé que cuidarás de ella». Nunca antes en mi vida un hombre creyó en mí de esa manera, confiando en mi hombría y confiándome en mis manos algo tan valioso. Me entregó a su querida y única hija, aunque sabía que nunca podría retroceder ni un paso para defenderla si yo no cumplía mi palabra; sabía que jamás estaría presente para recordarme mis promesas; que nunca estaría presente para de nuevo hacer brotar el brillo en sus ojos, si en algún momento yo lo hacía desaparecer.

Estoy en deuda con él, porque confió en mí. Estoy en deuda con él porque me entregó a una hija tan maravillosa. Estoy en deuda con él por la gran inversión en ella. Cuando vuelva a verlo en el cielo, no tendré que esconder la vista con timidez ni vergüenza. Él me entregó la batuta, y yo *correré* dignamente con ella.

También estoy en deuda con su otro Padre. Él rescató mi vida del pecado y me levantó del muladar para sentarme entre príncipes. Me adoptó y me dio la fortaleza para vivir hoy y tener una resplandeciente esperanza para el futuro. Me apartó a una preciosa corderita, una que es pura, sin manchas ni arrugas, con ojos brillantes y un tierno corazón. La formó en el vientre de su madre y con agrado la contempló cuando gateaba y luego cuando caminaba y hablaba. La escuchó cantar himnos y cánticos favoritos como miembro de la agrupación musical *Los primos cantores*. Envió a su único Hijo para proveerle un futuro, protegerla y llevarla a su hogar celestial. A Dios le desagrada ver que yo no desarrolle un corazón de amor por ella. Él la crió y la mimó con profundo amor, y yo debo hacer lo mismo.

Recuerda lo que ella te da

Por amor a ti, tu esposa cedió a su libertad. Cedió a todos sus derechos de buscar la felicidad en algún otro lugar. Cambió esta libertad por algo que consideraba de mayor valor: tu amor y tu palabra. Sus sueños están ligados a ti, sueños de compañerismo, comunicación y unidad.

Ella prometió ser tuya sexualmente. Su sexualidad es la posesión más protegida, es su jardín secreto. Ella confió en que tú serías merecedor de dicho regalo, pero arrogantemente miras la basura sexual, contaminando y ensuciando su jardín. Ella merece mucho más, y tú debes honrar esto.

También debes apreciar a tu esposa porque ella te hace partícipe de sus más profundos secretos y anhelos. Brenda me ha contado historias que a nadie más le contó. Por ejemplo, conozco unas palabras burlonas que si las repitiera, al instante brotarían lágrimas de sus ojos debido a un trauma que sufrió hace muchos años. Ella me ha confiado profundas desilusiones y ha llorado entre mis brazos.

Después de varios años de matrimonio, conozco lo que trae emoción a su alma. En cierta ocasión entré a una librería mientras la dejé esperando en el auto. Al comprar el libro superé el límite del «buen cliente» y me gané un certificado de cinco dólares. La cajera me preguntó si deseaba aplicar el regalo a la compra del libro, pero le dije: «No, gracias. Lo guardaré para mi esposa. A ella le gustará mucho».

En ese mismo instante Brenda entró a la tienda. En secreto le dijo a la cajera: «¡Observa esto!» Me viré hacia Brenda y le entregué el certificado de regalo. Ella emitió un chillido y entre risas dijo: «¡Ay, qué maravilla!» La cajera se rió conmigo.

Como puedes ver, conozco a Brenda. Ella es mi amada, y yo el suyo. Conozco sus temores más profundos, sus deseos para el futuro, y lo que absolutamente puede y no puede hacer. Ella se arriesgó mucho al confiar tanto en mí y por eso yo debo tener un corazón que sepa apreciarla.

Cuando Brenda era chica, nunca le tuvo temor a nada, porque su padre estaba presente. Él nunca la deshonró, nunca la ofendió, nunca la asustó y nunca la decepcionó. Ella cambió todas esas cosas por un tipo que se enojaba con facilidad, que gritaba y que la ofendía verbalmente. Fui yo quien le causó problemas estomacales, obligándola a participar en situaciones desagradables con los suegros sin procurar entenderla, en ocasiones haciéndola encorvarse en un baño de lágrimas. Ella nunca cambió por estas cosas. Cambió para obtener una mayor protección, pero yo le ofrecí menos protección.

Y tú, ¿has dado menos? Tu esposa arriesgó mucho y entregó mucho para casarse contigo. ¿Hizo un buen negocio?

Honra su esperanza

En mi oficina tengo una foto de Brenda de ocho por diez, en blanco y negro, de cuando tenía un año de edad. Sus pequeños ojos resplandecían y están llenos de la esperanza y el gozo de la vida, su pícara sonrisa se deja ver desde temprana edad; sus encendidas y regordetas mejillas irradian alegría y un espíritu libre. Su rostro refleja plenitud de expectativas y asombro. Llevé a mi oficina esta foto de su infancia como un recordatorio de que tengo que honrar dicha esperanza.

Yo soy hombre, y como tal, muestro una tendencia a rebelarme. A veces la vida se hace difícil, y el trabajo puede llegar hasta el punto de sacarme de mis cabales. Tengo cuatro hijos que mantener y una nómina que cumplir. Tengo programas de la iglesia, actividades deportivas, obligaciones sociales y así sucesivamente, y a veces siento que mi corazón comienza a desmoronarse. Escucho mi lado rebelde reclamarme a gritos *mis* derechos y mi manera de hacer las cosas y mi libertad, pero a veces tengo deseos de subir al auto y desaparecerme en el horizonte del Gran Noroeste. Triste, pero cierto.

Pero no puedo hacerlo cuando pienso en Brenda. Durante los largos día de batalla, su foto de bebé siempre me recuerda que ella es mi corderita, siempre llena de esperanzas, siempre creyendo en mí, siempre pendiente del porvenir «para nosotros». Quiero ver el resplandor de esos ojos infantiles brillando en los ojos de Brenda, hoy y de aquí a varias décadas. *Debo* proteger su hermosura, gracia y nitidez.

Debes honrar a tu esposa con un corazón que sepa querer. Dios aprobó el amor que Urías sentía por Betsabé. ¿Aprueba Dios el amor que yo siento por Brenda? ¿Aprueba Dios el amor que sientes por tu esposa?

No importa cómo sea la apariencia de nuestra esposa, lo que haya hecho o dejado de hacer, o si la vida se desarrolló de una manera diferente a lo que esperabas. Tenemos que honrarlas y quererlas.

Desde luego, la vida puede desarrollarse de manera diferente. *Muy* diferente. Cuando Brenda y yo nos casamos, tuvimos la esperanza de pasar cuatro años juntos antes de tener hijos; un tiempo para edificar nuestra mutua relación. Cuando nos casamos solo teníamos siete meses de conocidos. Y además, el papá de Brenda murió dos meses antes de nuestra boda. Ella se tuvo que mudar a tres horas de distancia de su pueblo para comenzar juntos nuestra vida como pareja. Sentía profundo dolor por la pérdida de su padre y por causa de la distancia, tampoco podía apoyar a su madre en medio de la pena. Estábamos buscando una iglesia donde asistir, y no teníamos amigos. Ella tenía un nuevo empleo, y yo era bastante nuevo en el mío. El dinero escaseaba en el campo de las ventas a comisión. Después de los gastos, mis ingresos del primer año eran inferiores al nivel de pobreza, y además tenía una deuda de quince mil dólares de mis estudios y el negocio. Por si fuera poco, nos tambaleábamos al tener que enfrentar problemas entre Brenda y mis padres.

Como ya dije, nuestro matrimonio casi se derrumba ante tantas presiones. Y entonces, en medio de todo esto, poco tiempo después de nuestro primer aniversario de bodas, Brenda anunció que estaba embarazada.

Después que Jasen nació, el chico no dormía de noche. Intentamos todos los trucos que conocíamos, incluyendo dejarlo llorar durante largo tiempo, a veces horas. El desánimo que sentíamos era debilitador. Confundida, Brenda no podía tolerar ni un golpe más. La vida no había tomado el curso que esperábamos, y en muchas ocasiones yo no tuve un corazón compasivo.

Con mucho agradecimiento acababa de hacer mi declaración ante Dios de «comer cascajo» frente a la nevera. Y al leer por primera vez sobre Urías, comencé a ver a Brenda de una manera diferente. Comencé a apreciarla, a pesar de las circunstancias. Comencé a tratarla con ternura y a tenerla en alta estima a pesar de mis sentimientos. Decidí levantarme para atender a mi hijo todas las veces que se despertara de noche, aunque después de nacer Jasen, Brenda no estaba trabajando fuera del hogar. Lógicamente, como ella no trabajaba y podía descansar durante ciertos momentos del día, le correspondía ser la que se levantara. De acuerdo con algunas con normas, yo debía decirle: «¡Vamos, ya eres una mujer adulta! ¡Amárrate bien los pantalones y esfuérzate!» Pero, *cualquiera* podría decir eso. Ella podía recibir esa misma clase de trato como mujer soltera.

Pero estaba casada conmigo, y era mi corderita. La quería y la ayudaba cuando más lo necesitaba. ¿Cómo podía hacerlo? Ya ella no era la persona con la cual pensé que me había casado y no siempre sentí ternura por ella, pero se la demostré porque era mi deber. Los verdaderos sentimientos de ternura vinieron después.

Una promesa

Durante este mismo período noté algo muy peculiar. El desgaste físico que produce amamantar una criatura, el sueño inestable durante las noches (ella se levantaba a dar el pecho, y luego me entregaba a Jasen), y el agotamiento psicológico afectó a Brenda. Si al levantarse por la mañana y dando tumbos llegaba a una cocina sucia, inmediatamente se desanimaba y se le dificultaba comenzar el día. Su coraje desapareció, consideró que era más fácil pasar todo el día con las mismas pijamas. La vida se volvió oscura y monótona.

No me agradaba que mi corderita comenzara así su día. Sí, yo pude pedirle a Brenda que adoptara una mejor postura, que se esforzara un poco más y que no se rindiera. Le pude recordar que no estaba actuando de acuerdo con mis expectativas. Pero por el contrario, le prometí a mi esposa que nunca volvería a dejar la cocina sucia antes de acostarme.

Sabía lo que esta promesa me costaría. Significaba que debido a su extremo cansancio, a menudo se iría a la cama y me dejaría solo con todos los platos y las ollas sucias. Significaba que con frecuencia ella estaría dormida cuando yo llegara a la cama, y me perdería tener relaciones con ella. Significaba que perdería un valioso sueño, pero también sabía que podía apreciar a mi corderita en formas que ella nunca creyó posible. Nunca quebranté mi promesa.

Aprecié y amé a Brenda cuando los sentimientos no estaban presentes, y los sentimientos regresaron. A la larga, ella se desarrolló hasta convertirse en la mujer que es hoy día. Ella es *todo* lo que yo sabía que podía ser. ¿Pero sabes una cosa? Ella es mucho más. Se percató de mi deseo por apreciarla y dejó de hablar sobre el divorcio. En la actualidad, cuando hablo sobre la Palabra de Dios y sobre el tema de vivir de acuerdo con sus normas, ante ella tengo credibilidad porque me probé a mí mismo con ella en los momentos más feos de nuestra relación.

Tu cantar

Nuestra última palabra para ti: Si querer significa algo, ese algo es amar a tu esposa por lo que ella es *en este día,* y no en algún otro día en el futuro. Es hacer las concesiones necesarias para todas las sorpresas e inconstancias que estaban escondidas hasta que la vida la hizo girar en su nueva dirección.

Tu esposa tiene un corazón que todavía late como el corazón de una corderita; un corazón que todavía da brincos entre las praderas de la esperanza y el deseo, anhelando amor. Tal vez sea difícil verlo. Quizá su padre fue un alcohólico o un abusador que no la protegió. Quizá ella no es una gran cristiana. Quizá fue promiscua antes de conocerte.

Es posible. Pero sabemos otras cosas que también son ciertas.

Al confiar en ti, ella *renunció* a su libertad individual, creyendo que tú le brindarías amor y protección.

Ella es una corderita de Dios a pesar del dolor y el pecado que haya sufrido, y *Él* la confió en tus manos.

¿Puedes ver en lo profundo de su alma? ¿Se enternece tu corazón por asumir la tarea? ¿Acaso habrá algo de mayor nobleza que hacer la solemne promesa de apreciar a tu escogida?

Alégrate con la esposa de tu juventud. Y si ella no es todo lo que esperabas, no olvides que Dios ejerció su gracia sobre ti al obsequiarte esta corderita. ¿Podrías hoy mismo hacer el compromiso de apreciarla y amarla? Si tu respuesta es positiva, permite entonces que la Palabra de Dios transforme tu mente. Permite que tu cantar sea el Cantar de los Cantares de Salomón:

He aquí que tú eres hermosa, amiga mía;
he aquí que tu eres hermosa;
Tus ojos entre tus guedejas como de paloma;...
Tus labios como hilo de grana,
y tu habla hermosa;...
Toda tú eres hermosa, amiga mía,
Y en ti no hay mancha...
Prendiste mi corazón, hermana, esposa mía;
Has apresado mi corazón
con uno de tus ojos,...
¡Cuán hermosos son tus amores, hermana, esposa mía!
Tu cabeza encima de ti, como el Carmelo;
y el cabello de tu cabeza, como la púrpura del rey
Suspendida en los corredores.
¡Qué hermosa eres, y cuán suave,
Oh amor deleitoso!
(Cantar de los Cantares 4;1,3,7,9-10; 7:5-6)

Del corazón de una mujer

El amor se manifiesta de muchas maneras. Una de las más sencillas la escuchamos de Frances quien dijo: «Siempre me emociona ver a mi amado, aunque se encuentre al otro lado de la iglesia».

Deena dijo: «Estoy esforzándome para hablar solo cosas buenas de él con el fin de edificarlo. Procuro no ofenderlo ni siquiera en broma y me aseguro de considerar sus sentimientos tanto como considero los míos en la actualidad».

Brenda dijo: «Con frecuencia el acto de apreciar se manifiesta en cosas sencillas, en cosas del diario vivir, más que en las cosas grandes románticas. Cosas como cumplir con mis quehaceres en la casa y ahorrar el dinero cuando es necesario. También se demuestra en mi deseo obvio de querer estar con Fred todo el tiempo».

Estos actos diarios producen sentimientos de aprecio y ternura, pero las comparaciones pueden destruir el corazón de un hombre. Los hombres comparan los vecindarios donde residen, los autos que manejan, las personas con quienes socializan y las familias de las que proceden. Hasta cierto grado muchos hombres luchan con esto, pero la mayoría de ellos nunca le revelarán a sus esposas este aspecto de su persona, ni aunque ella se lo pregunte. Ellos se sienten atrapados por su destino.

Al final, lo que decide nuestro destino no es en qué parte de la ciudad vivimos. Por lo general, esto es algo que está fuera de nuestro control. Lo que sí podemos controlar es cuánta esperanza le podemos brindar a nuestro cónyuge. Lo que un esposo necesita es alguien que lo mire profundamente a los ojos, le recuerde que su esposa lo ama y que Dios también lo ama.

Cuando Ellen le dijo a su esposo que vivía conforme con los ingresos que él tenía sin quejas ni comparaciones, él se sintió realizado. Para Ellen, tal esencia es inapreciable. «Mi meta en la vida, además de amar y obedecer a Dios, ha sido amar y aprender sobre mi esposo y ayudarlo a sentirse plenamente satisfecho, y disfrutar nuestra vida juntos».

Si Brenda compara a Fred con alguno de sus compañeros de escuela superior, ella concluiría que a él le va muy bien. Si económicamente lo compara con los miembros de la iglesia, es muy probable que encuentre a su familia en algún punto medio. Si lo compara con sus compañeros de la Universidad de Stanford, es muy probable que sea catalogado como perro escuálido carente de toda ambición. Pero así es el juego de las comparaciones. Es un asunto relativo y por lo tanto, no es confiable.

Y de todas maneras, ¿a quién le importa? «Lo esencial que yo le debo a Fred es fidelidad y confiabilidad», dijo ella. «Ninguna otra persona en su vida ha probado ser completamente íntegro en estos aspectos. Decidí con toda certeza que aunque a veces tengamos diferencias, siempre le seré fiel a él. Yo permaneceré siendo su escogida».

Brenda respeta lo que ha encontrado y trata los puntos débiles con ternura. Cuando lo quiere de esta manera, a Fred se le hace mucho más fácil devolver el cumplido.

Es posible que hoy no te sientas apreciada por causa del pecado sexual de tu esposo. Les preguntamos a varias mujeres si querrían a sus esposos, aunque en algún momento se enteraran que estos estaban atascados en algún pecado sexual, sus respuestas fueron vacilantes.

Ellen dijo: «Yo intentaría hacerlo. Me sentiría enormemente triste y desilusionada. Requeriría bastante tiempo y oración para poder quererlo plenamente. Le pediría a Dios que me ayudara a apreciarlo como es debido. Sería algo muy difícil. No sería difícil amarlo, pero si sería difícil apreciarlo, especialmente si desde hace tiempo tenía el problema y no me lo dijo. Se habría roto la confianza, y sentiría que no confía en mí, o de otra manera me lo hubiera dicho para buscar ayuda».

Frances uso la palabra clave «respeto». «Sería muy difícil respetarlo y confiar en él». Su sentimiento de aprecio colgaría de un hililo, ya que la esencia del aprecio es el respeto.

Cathy dice: «Después del choque inicial, y si él demostrara un verdadero deseo de purificarse, y después de haber sido sanada por el Señor, creo que lo podría apreciar. Al fin y al cabo, todos tenemos debilidades y pecados que invaden nuestra vida».

Andrea dijo: «Debido a que ya hemos lidiado con este asunto, verdaderamente puedo apreciar la fuerza tan increíble que ejerce el problema de las impurezas sexuales. La Biblia expresa con toda claridad que todo pecado es pecado; no hay un pecado mejor que otro. Durante los últimos dos años el Señor ha estado lidiando conmigo en cuanto a no juzgar a las personas y sus pecados, sino tener compasión y orar por ellos. Así que espero poder mirar a mi esposo de esta misma manera y continuar apreciándolo por quién él es».

Al final, las mujeres deben apreciar a sus esposos. Ningún pecado libera a los hombres o a sus esposas de esta responsabilidad.

Todos luchamos con el pecado. Todos luchamos con el sacrificio de nuestros visibles reinos por el Reino invisible de Dios. Independiente del grado que haya alcanzado tu esposo en su victoria en contra del pecado sexual, él merece respeto adicional. Pero hasta en la derrota, él necesita tu respeto. Respétalo.

Busca la más profunda esencia de tu esposo y quiérelo sacrificialmente como lo hizo Dios en la cruz. Respétalo y hónralo, no importa lo irrespetuoso que te parezca que es. Entrégate a él por completo. Mira en lo profundo de su alma y canta:

Mi amado es blanco y rubio,
Señalado entre diez mil.
Su cabeza como oro finísimo;
Sus cabellos crespos, negros como el cuervo…
Su paladar, dulcísimo, y todo él codiciable.
Tal es mi amado, tal es mi amigo…
Yo soy de mi amado,
Y conmigo tiene su contentamiento…
Levantémonos de mañana a las viñas…
Allí te daré mis amores.
Las mandrágoras han dado olor,
y a nuestras puertas
hay toda suerte de dulces frutas,
Nuevas y añejas,
que para ti, oh amado mío, he guardado.
(Cantar de los Cantares 5:10-11,16; 7:10,12-13)

Para obtener información adicional acerca de la adicción sexual, ordena a cualquier librería el libro *Addicted to «Love»* [Adicto al «amor»] de Stephen Arterburn publicado por Servant Publications, o conectáte a www.NewLife.com.

Puedes comunicarte con Steve vía correo electrónico a sarterburn@newlife.com.

Puedes comunicarte con Fred vía correo electrónico a stoekef@quest.net.

Planea tu batalla

Estas páginas se pueden usar como tu guía de estudio personal para *La batalla de cada hombre,* así como también para una guía de estudio y comentarios en un grupo de hombres.

(Para las reuniones semanales con un grupo de hombres, se pueden ampliar cada una de las secciones semanales que se indican a continuación para cubrir dos semanas, dependiendo del tiempo que el grupo invierta en las preguntas y los comentarios.)

PRIMERA PARTE: ¿DÓNDE NOS ENCONTRAMOS? (1-2 SEMANAS)

Lectura asignada (de La batalla de cada hombre)

Introducción

Capítulo 1: Nuestras historias

Capítulo 2: Pagar el precio

Capítulo 3: ¿Adicción o algo más?

(*Una pregunta de apertura:* ¿Cuáles secciones de este capítulo resultaron ser de mayor provecho o estímulo para ti, y por qué?)

Tu objetivo:

Obtener una mayor comprensión de la naturaleza de la tentación sexual y cómo cedemos ante ella.

1-A: Tu enfoque

Repasa los párrafos de Steve y Fred en la Introducción.

1. Steve dice que «ir en busca de la pureza sexual ... es un tema problemático». ¿Por qué crees que esto es verdad?

2. Fred cita a un individuo que dijo: «Siempre pensé que como era hombre no podía controlar mis ojos errantes. Nunca pensé que podría ser de otro modo». ¿Hasta qué grado esta ha sido también tu forma de pensar?

1-B: Tu enfoque

Repasa las historias personales de Steve y Fred en el capítulo uno.

3. ¿Con cuáles aspectos de los antecedentes de Steve y Fred puedes identificarte mejor en el ámbito personal?
4. ¿Cómo describirías a Steve y Fred basándote en lo que cuentan sobre ellos mismos?

1-C: Tu enfoque

Repasa la continuación de la historia de Fred en el capítulo dos.

5. De acuerdo con lo que has visto aquí, ¿cómo resumirías la manera en que la lucha de Fred con la tentación sexual afectó su vida y su salud espiritual?
6. Fred habla sobre el «precio» que por consecuencia de su pecado estaba pagando en sus relaciones con Dios, con su esposa, con sus hijos y con la iglesia. ¿En cuál de estas esferas de su vida crees que el pecado sexual de un hombre lo hiere de manera más rápida y obvia? ¿O crees que todas las esferas se afectan por igual y a la misma vez?

1-D: Tu enfoque

En el capítulo tres, repasa el contenido de la conversación de Fred con Mike bajo el primer subtítulo: «¿Te das cuenta?»

7. ¿Cuáles son algunas de las influencias más sutiles en nuestra sociedad que tienden a hundirnos en la inmoralidad sexual?
8. ¿Cuáles influencias sutiles crees que serían para ti las más difíciles de reconocer adecuadamente? ¿Cuáles son las más peligrosas para ti?

1-E: Tu enfoque

En el capítulo tres, repasa las historias bajo los subtítulos: «Luchas por doquier» y «Dar vueltas en ciclos».

9. Personalmente, ¿con cuáles de las situaciones en estas historias te identificas mejor?
10. ¿Cuán común piensas que son estas situaciones entre los hombres cristianos que conoces?

1-F: Tu enfoque

Dedica varios minutos a contestar en privado las dieciséis preguntas que aparecen en el capítulo tres con el subtítulo «Toma esta prueba», y repasa las conclusiones en los párrafos siguientes a las dos listas de preguntas. Entonces, enfoquen juntos su atención en el comentario sobre la adicción sexual tal y como se presenta en la última parte del capítulo, comenzando con el subtítulo «¿Fuerte apetito o adicción?»

11. ¿Cómo resumirías la diferencia entre lo que Steve llama «deseo sexual normal» y las «compulsiones y gratificaciones adictivas»? ¿Cómo le explicarías a otro hombre lo que el autor define como «adicción fraccionaria»?
12. ¿Hasta qué punto estarías de acuerdo o en desacuerdo con la aseveración del libro de que, para la mayoría de los hombres, nuestro pecado sexual se basa en los «disfrutes del placer» en lugar de en la verdadera adicción?
13. Considera la continuación de la historia de Steve como se relata en las últimas dos secciones del capítulo tres. ¿Con cuáles aspectos de su historia te identificas mejor?

1-G: Tu enfoque

Lean juntos Efesios 5:3 y Mateo 5:28.

14. ¿Qué sabiduría adicional respecto a la aplicación práctica de estos pasajes has adquirido hasta el momento del estudio y comentario de este libro?

1-H: Tu enfoque

Como una opción adicional lean juntos el texto titulado «Del corazón de una mujer» al final del capítulo tres. ¿Qué es lo que más te sorprende de los comentarios de estas mujeres? ¿Qué te ayuda a comprender mejor a tu esposa?

Resumen

Reflexiona brevemente en lo que estudiaste y comentaste en la Primera Parte. ¿Hay algo por lo cual debes darle gracias a Dios como resultado de este estudio? ¿Qué percibiste que Dios quiere que entiendas en particular en cuanto a este tema y en este momento? ¿De qué maneras específicas crees que Dios desea que confíes en Él y lo obedezcas?

SEGUNDA PARTE: CÓMO LLEGAMOS HASTA AQUÍ (1-2 SEMANAS)

Lectura asignada

Capítulo 4: Mezcla las normas

Capítulo 5: ¿Obediencia o simple excelencia?

Capítulo 6: Solo por ser varón

Capítulo 7: Escoge la verdadera hombría

(*Una pregunta de apertura:* ¿Cuáles partes de estos capítulos fueron de mayor provecho o estímulo para ti, y por qué?)

Tu objetivo:

Obtener una mayor comprensión de las normas de Dios sobre la pureza sexual, así como las raíces de nuestra vulnerabilidad al pecado sexual.

2-A: Tu enfoque

En el capítulo cuatro repasa los comentarios sobre el matrimonio como la «cura» para nuestro pecado sexual.

1. De lo que conoces de tu persona y de otros hombres, ¿hasta qué punto asientes con la observación del autor cuando dice que «la liberación del pecado sexual muy pocas veces se logra a través del matrimonio o con el paso del tiempo?»
2. ¿Hasta qué punto estás de acuerdo con la siguiente declaración del autor: «podemos tomar la decisión de ser puros»?

2-B: Tu enfoque

Repasa los comentarios del capítulo cuatro bajo el subtítulo: «Ingenuo, rebelde, descuidado».

3. ¿Con cuál personaje te identificas mejor: Pinocho o Lampwick?
4. En cuanto a las normas divinas para la pureza sexual que la Biblia enseña, ¿con cuánta frecuencia tuviste el mismo pensamiento que expresó la mujer en el estudio bíblico para solteros: «¡Es imposible que alguien espere que vivamos de tal manera!»?

2-C: Tu enfoque

Concéntrate ahora en la lista de versículos que aparece bajo el subtítulo: «Normas divinas tomadas de la Biblia» al final del capítulo cuatro. Invierte todo el tiempo que sea posible digiriendo el significado completo de estos pasajes.

5. Lee la lista que contiene las cinco declaraciones resumen, al final de esta sección. Enuméralas del uno al cinco. Entonces vuelve a leer la lista de versículos y coloca cada referencia bíblica debajo de la declaración resumen que confirma cada uno. Algunos versículos se podrían incluir debajo de más de una declaración. (También podrías resumir las declaraciones adicionales que puedan ayudarte a catalogar y procesar la enseñanza de estos versículos.)
6. Analiza 1 Tesalonicenses 4:3 y comenten cómo se relaciona este pasaje con los demás que estudiaste.
7. Para una perspectiva del Antiguo Testamento, he aquí unos pasajes adicionales que podrías leer y considerar: Éxodo 20:14; Levítico 19:29; 20:10; Números 25:1-3; Deuteronomio 23:18; Salmo 50:16-18; Proverbios 6:23-32; 7:6-27.
8. ¿Por qué piensas que Dios se opone al pecado sexual?
9. Con tus palabras, y de una manera práctica que pueda ser provechosa para los hombres cristianos modernos,

¿cómo resumirías las normas que Dios estableció respecto a la pureza sexual?

2-D: Tu enfoque

En el capítulo cinco repasa lo que se explica sobre el tema de la excelencia y la obediencia.

10. De la manera como el autor los define, ¿cómo podrías explicar la diferencia entre (a) la búsqueda de la excelencia y (b) la búsqueda de la perfección (a través de la obediencia)?
11. Discute cuál es la diferencia en la actitud que se refleja en estas dos preguntas personales: (a) «¿Cuán lejos puedo llegar y continuar llamándome cristiano?» (b) «¿Cuán santo puedo ser?»

2-E: *Tu enfoque*

Examinen la historia del rey Josías en 2 Crónicas 34. Lean juntos el versículo 8 y los versículos 14-33.

12. ¿De qué manera consideras el ejemplo de Josías en este pasaje como un modelo de obediencia?
13. ¿Qué otra cosa ejemplifica el modelo de Josías?

2-F: Tu enfoque

Revisa la última porción del capítulo cinco comenzando con el subtítulo «Consideración del precio».

14. Basado en tu presente nivel de comprensión ¿cómo describirías el precio asociado con obedecer las normas divinas de la pureza sexual?
15. Explica tu respuesta a la siguiente pregunta: ¿Crees que tienes el «derecho» de por lo menos a veces, mezclar tus normas con las normas que Dios estableció?
16. Cerca del final del capítulo se encuentra la siguiente oración: «Nuestra única esperanza es la obediencia». Comenta hasta qué punto estás de acuerdo, o en desacuerdo, con esta declaración.

2-G: Tu enfoque

Repasa la temática del libro sobre nuestra masculinidad, en el capítulo seis.

17. La primera característica que se menciona en este capítulo es que «los hombres son rebeldes por naturaleza». Es obvio que este rasgo no es un regalo que Dios nos diera, sino el resultado de nuestra naturaleza pecaminosa como seres humanos caídos que somos. Piensa en los demás rasgos «masculinos» mencionados en este capítulo. ¿Hasta qué grado es cada uno de estos un regalo de parte de Dios, y hasta qué grado es cada uno de estos el resultado de nuestra naturaleza pecaminosa? En cuanto a los rasgos que parecen proceder de nuestra naturaleza pecaminosa, ¿de qué manera cada uno de ellos podría representar una forma corrompida de lo que originalmente fue un buen rasgo que Dios otorgó?
18. ¿Cómo se define el «preámbulo sexual» en este capítulo, y hasta qué punto estás de acuerdo o no con esta definición?
19. En este capítulo, el «preámbulo sexual visual» de un hombre con otras mujeres, se presenta como un asunto de rompimiento de promesas con su esposa. ¿Estás de acuerdo?
20. ¿Cómo describirías la diferencia entre masculinidad y hombría?

2-H: Tu enfoque

Repasa el contenido del capítulo siete en cuanto a escoger la verdadera hombría.

21. En Job 1:8, examina la promesa hecha por este hombre. ¿De qué manera el ejemplo de Job se conforma o compara con la norma que Jesús estableció en Mateo 5:28? ¿Cómo se conforma o compara con la norma establecida en Efesios 5:3?

22. Cerca del final de este capítulo se encuentran las siguientes palabras: «Cuando lo consideramos con mayor detenimiento, la definición de Dios respecto a la verdadera hombría es bastante sencilla. Significa escuchar su Palabra y *obedecerla*. Esa es la *única* definición de hombría que tiene Dios: un hacedor de la Palabra. Y la definición divina de un cobarde, es uno que escucha la Palabra y *no* la cumple». ¿Estás completamente de acuerdo con estas aseveraciones? ¿Por qué o por qué no?
23. Lee Gálatas 6:7-8. ¿Cómo has visto manifestado en tu vida la verdad sobre este principio?

2-I: Tu enfoque

Como una opción adicional, examinen juntos el texto que aparece con el subtítulo «Del corazón de una mujer» al final del capítulo siete. ¿Qué es lo que más te sorprende de los comentarios de estas mujeres? ¿Qué es lo que más te ayuda a entender mejor a tu esposa?

Resumen

Reflexiona brevemente en lo que estudiaste y comentaste en la Segunda Parte. ¿Hay algo por lo cual debes darle gracias a Dios como resultado de este estudio? ¿Qué percibiste que Dios quiere que entiendas en particular en cuanto a este tema y en este momento? ¿De qué maneras específicas crees que Dios desea que confíes en Él y lo obedezcas?

Tercera Parte: Escoge la victoria (1-3 semanas)

Lectura asignada

Capítulo 8: El momento para decidir
Capítulo 9: Recupera lo perdido
Capítulo 10: Tu plan de batalla

(*Una pregunta de apertura:* ¿Cuáles partes de estos capítulos fueron de mayor provecho o estímulo para ti, y por qué?).

Tu Objetivo:
Hacer un sincero compromiso de esforzarte por obtener la victoria en el área de la pureza sexual.

3-A: Tu enfoque
Repasa el contenido del capítulo ocho respecto a la importancia de decidir *ahora*, ir en busca de la pureza sexual.

1. ¿Por qué nos inclinamos a dilatar y titubear cuando de obedecer a Dios se trata?
2. Como grupo, dediquen uno breves momentos a reflexionar en silencio sobre estas preguntas y cómo se relacionan con tu vida personal: (a) ¿Durante cuánto tiempo vas a permanecer sexualmente impuro? (b) ¿Durante cuánto tiempo le has de robar sexualmente a tu esposa? (c) ¿Durante cuánto tiempo vas a limitar el crecimiento de unidad con tu esposa, la unidad que le prometiste hace varios años?
3. En una escala del uno al diez, ¿hasta qué grado dirías que verdaderamente odias el pecado de la impureza sexual, en cualquiera de sus formas?
4. En una escala del uno al diez, ¿hasta qué grado dirías que verdaderamente esperas ganar la batalla por la pureza sexual? ¿Cuáles son las razones para la puntuación que diste?
5. ¿Cuál es tu mayor motivación para alcanzar y mantener la pureza sexual?

3-B: Tu enfoque
Examinen juntos 2 Pedro 1:3-4.

6. De acuerdo con este pasaje, ¿qué es exactamente lo que Dios nos ha dado? (No pases por alto nada de lo que este pasaje enseña.)
7. ¿A través de cuál medio nos ha dado Él estas cosas?
8. ¿Por qué nos ha dado Él estas cosas?
9. ¿Qué significado personal tiene este pasaje para ti? Decláralo con tus propias palabras.

3-C: Tu enfoque

Lee Romanos 6:11-14 y 6:18.

10. De acuerdo con estos pasajes, ¿cómo debemos vernos a nosotros mismos?
11. Como resultado de tener la actitud adecuada, ¿qué nos dicen estos pasajes que debemos hacer?
12. De acuerdo con estos pasajes, ¿cuán libre del pecado estás?
13. En una escala del uno al diez, ¿cuán convencido estás de que la voluntad de Dios para ti es la pureza sexual? (Explica tu respuesta.)

3-D: Tu enfoque

Repasa el contenido del capítulo 9 en cuanto a recuperar lo que perdiste.

14. ¿Qué fue lo que más te impresionó de los relatos de Fred y Steve en este capítulo?
15. Al pensar en alcanzar la pureza sexual que es la voluntad de Dios para tu vida, ¿qué visión tienes de tu relación con Dios en el futuro inmediato?
16. ¿Qué visión tienes de tu relación con tu esposa?
17. ¿Qué visión tienes de un futuro legado para tus hijos?
18. ¿Qué visión tienes de tu ministerio en la Iglesia de Dios y en la edificación de su Reino a corto y a largo plazo?

3-E: Tu enfoque

Repasa con cuidado el contenido del capítulo 10 sobre tu plan de batalla para lograr la pureza sexual mediante la voluntad y el poder de Dios.

19. ¿Cuál es la definición de pureza sexual que los autores exponen en este capítulo?
20. ¿Cuáles son los tres «perímetros de defensa» que de acuerdo con los autores debemos edificar para lograr la meta de la pureza sexual?

3-F: Tu enfoque

Repasa la información sobre la impureza como un hábito, según el capítulo diez.

21. «La sencilla verdad», declara este libro, «es que la impureza es un hábito». Comenten por qué los autores creen que esto es cierto. ¿Hasta qué punto estás de acuerdo o no con sus razonamientos?
22. De acuerdo con el contenido de este capítulo, ¿en qué manera es también la pureza sexual un hábito?
23. De acuerdo con el contenido de este capítulo, ¿cómo es que la impureza «pelea como un hábito?»

3-G: Tu enfoque

En el capítulo diez repasa el contenido sobre la opresión espiritual y la oposición que causa nuestra decisión de ir tras la pureza sexual.

24. Examina los «argumentos» que usa Satanás y que aparecen enumerados bajo el subtítulo «La pureza siempre trae oposición espiritual». ¿Cuál de estos argumentos consideras más poderoso y peligroso? ¿Cuál de las respuestas que hablan sobre la «verdad» es la que más te anima?
25. ¿Por qué crees que nuestra sexualidad humana es algo que Satanás y sus fuerzas están tan interesados en atacar y destruir?

3-H: Tu enfoque

Repasa el contenido sobre la masturbación al final del capítulo diez.

26. ¿Cómo definirías los puntos principales que presenta este capítulo sobre este tema?
27. ¿Qué medios efectivos enseñan los autores respecto a cómo ponerle fin a la masturbación?

3-I: Tu enfoque

En el capítulo diez repasa las secciones sobre rendirle cuentas a tu esposa.

28. ¿Cuáles son las ventajas de tener un compañero a quien rendirle cuentas en tu búsqueda por la pureza sexual?
29. ¿Por qué dicen los autores que no es una buena idea tener a tu esposa como tu compañera principal a quien rendirle cuentas en tu búsqueda por la integridad sexual?

3-J: Tu enfoque

Como una opción adicional, examinen juntos el texto debajo del subtítulo «Del corazón de una mujer» al final del capítulo diez. ¿Qué es lo que más te sorprende de los comentarios de estas mujeres? ¿Qué es lo que más te ayuda a comprender mejor a tu esposa?

Resumen

Reflexiona brevemente en lo que estudiaste y comentaste en la Tercera Parte. ¿Hay algo por lo cual debes darle gracias a Dios como resultado de este estudio? ¿Qué percibiste que Dios quiere que entiendas en particular en cuanto a este tema y en este momento? ¿De qué maneras específicas crees que Dios desea que confíes en Él y lo obedezcas?

Cuarta Parte: Victoria con tus ojos (1-2 semanas)

Lectura asignada

Capítulo 11: Aparta la vista
Capítulo 12: Deja de alimentar la vista
Capítulo 13: Tu espada y escudo

(*Una pregunta de apertura:* ¿Qué partes de estos capítulos fueron los más provechosos o estimulantes, y por qué?)

Tu Objetivo:

Implementar y cumplir con éxito una estrategia para cerrarle el paso al flujo de imágenes sensuales indebidas que invaden nuestros ojos.

4-A: Tu enfoque

Repasa el contenido del capítulo once en cuanto a «apartar la vista».

1. Examina la lista de Fred de «Mis mayores enemigos». ¿Cuáles estarían en tu lista personal de «fuentes de imágenes sensuales más obvias y prolíficas aparte de tu esposa»? (Dedica suficiente tiempo haciendo una lista fidedigna que no pase por alto ninguna de las áreas importantes.)
2. Ahora dedícale suficiente tiempo al desarrollo de tácticas defensivas para cada una de las áreas que identificaste.

4-B: Tu enfoque

Repasa el contenido del capítulo doce sobre «dejar de alimentar la vista».

3. ¿Exactamente a qué se refieren los autores con «dejar de alimentar la vista», y cómo se logra?
4. ¿Cuál es la «recompensa sexual» que se menciona al final del capítulo?

4-C: Tu enfoque

Repasa el capítulo trece respecto a tu «espada» y «escudo».

5. De acuerdo con este capítulo ¿por qué necesitas una «espada» y un «escudo»? ¿Cuál es su valor en la búsqueda por la pureza sexual?
6. ¿Cuáles son los méritos de Job 31:1 como el versículo «espada»? Como reto directo a este versículo, ¿cuáles pensamientos o argumentos piensas que Satanás y sus fuerzas serían más propensos a usar?
7. ¿Cuáles son los méritos de 1 Corintios 6:18-20 como pasaje «escudo»? Como un reto directo a este versículo, ¿cuáles pensamientos o argumentos piensas que Satanás y sus fuerzas serían más propensos a usar?
8. ¿Cuáles versículos escogerías como tu «espada» y como tu «escudo»?

9. En el ámbito de la tentación sexual, ¿cuáles son algunas de las preguntas importantes que ya no tienes derecho a hacerte?
10. ¿Qué tipo de resultados y reacciones a corto plazo esperas en tu búsqueda de la pureza sexual?
11. ¿Qué tipo de resultados y reacciones a largo plazo esperas en tu búsqueda de la pureza sexual?

4-D: Tu enfoque

En el capítulo trece, examina la última sección titulada «¿Ligeramente loco?»

12. ¿Qué aspectos de esta estrategia para «apartar la vista» y «dejar de alimentar la vista» tienen mayor sentido para ti? ¿Qué preguntas aún tienes sobre estos planes?
13. En tu vida, ¿cuáles crees que son los factores más importantes que te garantizarán el éxito de toda esta estrategia para lograr la pureza a través de tus ojos?

4-E: Tu enfoque

Como una opción adicional, examinen juntos el texto que aparece debajo del subtítulo «Del corazón de una mujer» al final del capítulo trece. ¿Qué es lo que más te sorprende de los comentarios de estas mujeres? ¿Qué es lo que más te ayuda a comprender mejor a tu esposa?

Resumen

Reflexiona brevemente en lo que estudiaste y comentaste en la Cuarta Parte. ¿Hay algo por lo cual debes darle gracias a Dios como resultado de este estudio? ¿Qué percibiste que Dios quiere que entiendas en particular en cuanto a este tema y en este momento? ¿De qué maneras específicas crees que Dios desea que confíes en Él y lo obedezcas?

Quinta Parte: Victoria con tu mente (1-2 semanas)

Lectura asignada

Capítulo 14: Tu mente de potro salvaje

Capítulo 15: Cerca de tu corral
Capítulo 16: Dentro de tu corral
(*Una pregunta de apertura:* ¿Qué partes de estos capítulos fueron los más provechosos o estimulantes, y por qué?)

Tu objetivo:
Implementar y cumplir con éxito una estrategia para limpiar tu mente del flujo de imágenes sensuales equivocadas.

5-A: Tu enfoque

Repasa el contenido del capítulo catorce sobre la pureza sexual de la mente.

1. ¿Por qué es más difícil controlar la mente que los ojos?
2. ¿Cómo tus ojos trabajarán en colaboración con tu mente en la búsqueda de la pureza sexual?
3. ¿Cómo explicarías el proceso, que se explica en este capítulo, por medio del cual la mente se limpia a sí misma de la antigua contaminación sexual? ¿Qué motivaciones encuentras al comprender este proceso?
4. ¿Qué quieren decir los autores con «acechar a la puerta» y «acecho mental»?
5. Vuelve a leer 1 Corintios 6:19-20 y 2 Corintios 10:5. ¿Cómo encajan las enseñanzas de estos pasajes con la estrategia para la pureza mental?

5-B: Tu enfoque

Repasa el contenido del capítulo catorce respecto a tu «estación de aduana mental».

6. ¿Qué quieren decir los autores con una «estación de aduana mental»?
   Describe este proceso en términos prácticos.
7. ¿Qué quieren decir los autores con «dejar de alimentar las atracciones»? ¿Qué significa en términos prácticos para tu vida?

8. ¿Cuán provechoso piensas que podrían ser estos conceptos para ti?

5-C: Tu enfoque

Repasa el contenido del capítulo catorce sobre «un corral para tu mente de potro salvaje».

9. ¿Cómo explicarías este concepto del «corral» y su aplicación a la pureza sexual según tu manera de pensar? ¿Qué representa el corral y que propósito cumple?
10. ¿Cuán provechoso piensas que podría ser este concepto del corral?

5-D: Tu enfoque

En el capítulo quince repasa el contenido continuo acerca de construir un «corral» en tu mente.

11. ¿Cuáles son los principios más importantes para tener defensas eficaces en contra de los pensamientos impuros respecto a las mujeres a quienes encuentras atractivas?
12. ¿Cuáles son los principios más importantes para tener defensas eficaces en contra de los pensamientos impuros respecto a mujeres que *te* encuentran atractivo?
13. ¿Qué quieren decir los autores con «jugar al gilipollas», y cuán efectiva piensas que podría ser esta táctica en tu propia vida?

5-E: Tu enfoque

Repasa el contenido del capítulo dieciséis.

14. ¿Qué tácticas se demuestran aquí para mantener la pureza de pensamientos en cuanto a las ex novias y ex esposas?
15. ¿Qué tácticas se demuestran aquí para mantener la pureza de pensamientos en cuanto a las esposas de tus amigos? ¿Por qué es importante considerar detalladamente esta estrategia?
16. ¿Qué verdad fundamental presentan los autores como el punto inicial para tener una relación pura con las esposas de tus amigos?

17. En tu vida, ¿cuáles consideras los factores más importantes que te garantizarán el éxito de esta estrategia por la pureza mental?

5-F: Tu enfoque

Como una opción adicional, examinen juntos el texto que aparece debajo del subtítulo «Del corazón de una mujer» al final del capítulo dieciséis. ¿Qué es lo que más te sorprende de los comentarios de estas mujeres? ¿Qué es lo que más te ayuda a comprender mejor a tu esposa?

Resumen

Reflexiona brevemente en lo que estudiaste y comentaste en la Quinta Parte. ¿Hay algo por lo cual debes darle gracias a Dios como resultado de este estudio? ¿Qué percibiste que Dios quiere que entiendas en particular en cuanto a este tema y en este momento? ¿De qué maneras específicas crees que Dios desea que confíes en Él y lo obedezcas?

Sexta Parte: Victoria en tu corazón (1 semana)

Lectura asignada

Capítulo 17: Aprecia a tu escogida

Capítulo 18: ¡Lleva el honor!

(*Una pregunta de apertura:* ¿Qué partes de estos capítulos fueron los más provechosos o estimulantes, y por qué?)

Tu objetivo:

Desarrollarte en cuanto a tener un corazón que sea cada vez más genuino, positivo y sacrificialmente comprometido con tu esposa.

6-A: Tu enfoque

Repasa el capítulo diecisiete en cuanto a apreciar a tu esposa.

1. ¿En qué maneras prácticas dirías que purificar tus ojos y tu mente representa un sacrificio?
2. ¿Cuál es el verdadero significado de «apreciar» a tu esposa?

6-B: Tu enfoque

Repasa con cuidado las enseñanzas de Efesios 5:25-33 a la luz de lo que aprendiste en este libro y en tu estudio.

3. ¿Por qué crees que tantos esposos tienden a resistir las enseñanzas de este pasaje?
4. ¿Cómo declararías con tus propias palabras lo que este pasaje enseña respecto a tu matrimonio y la relación de Cristo con la iglesia? ¿Cuáles son las actitudes y convicciones correctas según enseña este pasaje? ¿Cuáles son las normas e ideales correctos? ¿Cuáles son las acciones y hábitos correctos?

6-C: Tu enfoque

En el capítulo diecisiete bajo el subtítulo «Qué se siente cuando uno aprecia y quiere», examina los versículos que el autor usa del Cantar de los Cantares de Salomón.

5. ¿Cómo analizarías los sentimientos que expresan estos pasajes?
6. ¿Qué provecho tienen estos pasajes como herramientas para entender la relación emocional adecuada que debes tener con tu esposa?

6-D: Tu enfoque

Repasa la historia de David, Betsabé, Urías y Natán en 2 Samuel 11-12.

7. Es probable que en el pasado ya hayas leído esta historia. Al volver a leerla, ¿qué es lo que en esta ocasión sobresale después de estudiar con cuidado la pureza sexual, y después de hacer un compromiso por ir en su búsqueda?
8. ¿Cuáles son las lecciones más importantes que esta historia tiene para los hombres cristianos de la actualidad en sus matrimonios?

6-E: Tu enfoque

Repasa el capítulo dieciocho respecto al honor que tienes por ser el esposo de tu esposa.

9. ¿Cuáles son los asuntos de «honor» más importantes en relación con tu matrimonio?
10. ¿A qué cosas renunció tu esposa por amor a ti?
11. ¿Cuáles son las cosas más importantes que tu esposa te ha dado?
12. ¿Cuáles son las maneras más importantes en que tú puedes edificar y honrar la esperanza que alberga tu esposa?
13. ¿Qué puedes hacer *hoy* para honrar a tu esposa de una manera más fiel? ¿Qué puedes hacer *mañana*? ¿Qué puedes hacer como un nuevo hábito durante el resto de sus vidas juntos?

6-F: Tu enfoque

Como una opción adicional, examinen juntos el texto que aparece debajo del subtítulo «Del corazón de una mujer» al final del capítulo dieciocho. ¿Qué es lo que más te sorprende de los comentarios de estas mujeres? ¿Qué es lo que más te ayuda a comprender mejor a tu esposa?

Resumen

Reflexiona brevemente en lo que estudiaste y comentaste en la Sexta Parte. ¿Hay algo por lo cual debes darle gracias a Dios como resultado de este estudio? ¿Qué percibiste que Dios quiere que entiendas en particular en cuanto a este tema y en este momento? ¿De qué maneras específicas crees que Dios desea que confíes en Él y lo obedezcas?

